O Pai

O tenente Dilermando aos 22 anos.

Dirce de Assis Cavalcanti

O Pai

Nota Inicial
Antonio Candido

Ateliê Editorial

Copyright © 1998 by Dirce de Assis Cavalcanti

Direitos reservados e protegidos pela Lei 9.610 de 19 de fevereiro de 1998. É proibida a reprodução total ou parcial sem autorização, por escrito, da editora.

1ª a 4ª edição: Casa Maria Editora
5ª edição, 1998: Ateliê Editorial
6ª edição, 2019: Ateliê Editorial

Dados Internacionais de Catalogação na Publicação (CIP)
(Câmara Brasileira do Livro, SP, Brasil)

Cavalcanti, Dirce de Assis
   O Pai / Dirce de Assis Cavalcanti; nota inicial
Antonio Candido. – 6. ed. – Cotia, SP: Ateliê Editorial,
2019.

   ISBN 978-85-7480-826-0

   1. Assis, Dilermando de, 1888-1951   2. Cavalcanti,
Dirce de Assis, 1932- I. Candido, Antonio. II. Título.

19-26096   CDD-920.72

Índices para catálogo sistemático:

1. Mulheres: Autobiografia   920.72

Cibele Maria Dias – Bibliotecária – CRB-8/9427

Direitos reservados à
ATELIÊ EDITORIAL
Estrada da Aldeia de Carapicuíba, 897
06709-300 – Granja Viana – Cotia – SP
Tel.: (11) 4702-5915
www.atelie.com.br | contato@atelie.com.br
facebook.com/atelieeditorial | blog.atelie.com.br

Printed in Brazil   2019
Foi feito o depósito legal

Sumário

Nota Inicial – *Antonio Candido*........................... 7

Carta de Vovô Rodrigo para sua Filha, Marieta 9

O Pai..13

Nota Inicial

A qualidade e a importância deste livro vão aparecendo aos poucos durante a leitura. Escrito com sobriedade, ele se apresenta inicialmente como uma espécie de caderno de notas desprovido de pretensão literária –, nos seus períodos curtos, aderentes à realidade dos fatos e dos sentimentos, na sua linguagem sem enfeite, cortada, no entanto, aqui e ali, por imagens de uma raridade e uma imaginação que fazem pensar. E assim vamos percebendo que se trata da obra *construída* de uma escritora cheia de talento, tão bem armada com os melhores recursos do seu ofício, que não largamos a leitura antes das últimas páginas, poderosas e lancinantes.

Tecendo os fios da sua vida de menina e moça, Dirce de Assis Cavalcanti vai-se concentrando progressivamente no miolo do seu propósito e narra o que significou ser filha do homem envolvido em um dos acontecimentos mais terríveis da vida brasileira neste século: a morte de Euclides da Cunha, numa troca de tiros com seu pai, o então cadete e futuro general Dilermando de Assis. Narra como ficou sabendo disso vagamente e por acaso, sem pormenores, nas alusões de colegas de escola movidas pela irrefletida maldade das crianças.

Narra como as coisas se foram delineando aos poucos e como o silêncio dos pais a respeito doeram nela mais do que o fato em si, pois gerou o sentimento de insinceridade e exclusão. E narra de que maneira quase chegou a perder, mas depois recuperou lentamente a estima pelo pai, compreendendo as suas razões de protagonista de uma tragédia cujo desfecho não provocou.

Em torno da figura dramática desse homem a quem era negado inclusive o direito de justificar-se, Dirce de Assis Cavalcanti tece a sua autobiografia até a morte dele, misturando as duas linhas de interesse, analisando as emoções e as vicissitudes pelas quais passou, sempre com uma parcimônia de estilo que nunca perde a categoria de bom texto literário.

O leitor compreende, então, que o tom escolhido por ela se prende à honestidade, ao desejo de não enfeitar para não suscitar pena, pois o intuito que a anima é exprimir com a máxima retidão os seus sentimentos e as suas experiências, sem esconder os seus momentos de dureza e eventuais injustiças. Portanto, na base da escrita despojada, por vezes lacônica, está uma integridade que dignifica, linha por linha, o comovente relato, enquanto a sua história pessoal se mistura ao retrato pungente de um pai condenado à execração pública, mas reavaliado pela compreensão da filha, que primeiro se revoltou a partir da aura negativa do seu ato, depois aceitou a sua humanidade. Assim, o livro de Dirce de Assis Cavalcanti pode ser considerado também uma espécie de documento histórico, uma contribuição incorporada à tragédia de Euclides da Cunha como elemento de um ponto de vista alternativo, elaborado segundo a "visão por dentro" de uma escritora da melhor qualidade.

ANTONIO CANDIDO

Carta de Vovô Rodrigo para sua Filha, Marieta

Rio de Janeiro, 15 de Agosto de 1931.

Minha filha,

Realmente já estou bem apreensivo por falta de notícias tuas, sem mesmo saber em que paragens te achavas, depois que daqui partiste sem as devidas explicações sobre teu destino! Tua carta de 20, recebida a 24, trouxe-me perfeita tranquilidade, se bem que, muito alarmado por te saber em Curitiba, no Paraná, tão distante e tão só! Mas, já que assim o quiseste e tão bem colocada te sentes com o conforto e desvelos dos senhores Demarret, resta-me conformar-me com essa tua inexplicável retirada do Rio, certo como estou, que assim o fizeste, por motivo de tua saúde, tão delicada. Que Deus te ampare, minha filha, e te proporcione dias calmos e saudáveis n'esse clima ameníssimo do Paraná, que já te valeo um augmento "de peso" de 4 kilos! em um mês.

Recebi, sempre com muito agrado e íntima satisfação, teu telegrama congratulatório pelo meo 3 de Agôsto, assim como recebi pelo Juca tua lembrança, que muitíssimo agradeço.

Já sabíamos, por termos lido no Correio da Manhã *de 22, que te fora concedida, por portaria de 21, do Sr. Ministro do Exterior, uma prorrogação de 90 dias de licença. Vejo que isto te causou muito prazer e que vais ter assim oportunidade de melhor conheceres e desfrutares de regalias dessa tua estadia em Curitiba, em uma estação menos fria e mais saudável e serena.*

Mas, filha, essa licença obtida será com todos os teos vencimentos? Não sei, e assim peço que me digas se dispões de meios para ahi te manteres, ou se te devo auxiliar com o que for possível. Estás ahi muito só, sem teres a quem de prompto recorrer n'uma emergência imprevista, e assim, penso que deves ser franca comigo e cessar de uma vêz esse segredo, esse mysterio de que se cercou sempre essa tua viagem, pelo menos para mim. É preciso não facilitar muito, pois tudo na vida nos traz decepções e desenganos que muitas vezes abatem o espírito mais firme e prevenido. É preciso que me digas alguma coisa a respeito. Deves também escrever já a teo irmão Arthur, em Montevidéo, que, em uma sua carta última me perguntava pela Marieta e se já havia se aposentado. Já lhe expliquei que tinhas ido ao interior de São Paulo, por motivo de saúde, com licença, não se cogitando mais de tal aposentadoria.

Deves, pois, já agora, escrever-lhe tu mesma explicando a tua viagem e a situação em que te achas ahi em Curitiba.

Fallemos agora dos nossos. Não foi só em Curitiba que o frio intenso se fez sentir esse mês de Julho. No Rio, sobretudo em Campo Grande, mal resistimos a essa falada onda de frio, que tanto nos prejudicou a saúde e mortificou as plantações. Imagino, pois, o que sofreste no Paraná, onde normalmente a friagem é penosa, sobretudo para nós outros do Rio, que não conhecemos geadas; mas, nós é que nunca tivemos aqui uma temperatura tão baixa, nunca curtimos tanta humidade na nossa modesta casinha de Campo Grande. Um horror! Tua Mãe quasi enfermou de nôvo dos rins, e eu tive muito agravados os meus achaques prostáticos. Felizmente, tanto nós como a Julita atravessamos a temporada ingrata, e já hoje vamos com saúde, não muito invejável, gozando as amenidades dos dias saudáveis e lindos que nos tem dado o mês de Agôsto. Passamos, pois, mais ou menos bem. Todos os teos irmãos vão em paz, e os pequenos da Julita, sadios, fortes, bem dispostos e satisfeitos nos seus institutos, d'onde nos vêm quasi todos os domingos. O Juca, sempre atravessando com sérias dificuldades sua incipiente carreira de dono de casa, chefe de família! Mas, tanto ele quanto a Mag e o garotito vão passando bem.

Bertha esteve conôsco no dia 2 (este anno a família festejou meo aniversário n'esse dia, pois o dia 3 era a primeira segunda-feira de Agôsto) sempre gordíssima e bem disposta. O Mário, Salvador, Maria Emília, Lydinha, assim como a respectiva pequenada, tudo em paz, Deos louvado.

Tua Mãe te manda dizer que, "quando de lá vieres, traze-lhe um cobertor bom, como os que se usam ahi em Curitiba". Ahi fica o recado com muitas bênçãos e saudades que ella te envia de todo coração.

Recebe, minha filha, com um abraço, as minhas afetuosas saudades e votos de contentes felicidades do teu pai muito amigo

Rodrigo

P.S. – Apreciamos a miniatura photográfica do bungalow dos Snres. Demarret, que nos pareceu muito agradável. Que esses Snres. te dispensem sempre todos os cuidados e attenções, são os nossos melhores desejos[1].

Oito meses depois, eu nascia.

---

1. (N.E.): Foi respeitada a ortografia da época em que o texto foi redigido.

O Pai

Nasci mal, embora fosse um bebê saudável, robusto e rosado. Fui a impossibilidade de mais um aborto de minha mãe. Teria sido o sétimo, que a suspeita de tuberculose impediu. E, com isso, intrometidamente, nasci, a única filha dos meus pais.

Meu pai, militar, fora removido para o sul do Brasil para chefiar as tropas do Governo e combater uma das muitas revoluções da época, a de 1932. Minha mãe viajou com ele, em vagão diferente do mesmo trem. Como não eram casados, não convinha serem vistos juntos. Naquela época essas coisas tinham muita repercussão, sobretudo em se tratando do meu pai, homem conhecido no país inteiro pela grande tragédia que lhe marcara a juventude. Quando eu nasci, meu pai já não era jovem, tinha quarenta e quatro anos.

Desse tempo conheço poucos detalhes. Cedo aprendi a não fazer perguntas incômodas, ou que pudessem provocar problemas. Mesmo criança, sentia no ar o que podia provocar uma tempestade familiar e evitava-o discretamente. Tratava de ignorar, ou de pretender ignorar, as estranhezas da minha família.

Para completar a inconveniência da minha vinda ao mundo, nasci antes do tempo esperado, num dia primeiro de abril. Minha mãe, chegada há pouco a Castro, não conhecia ainda ninguém. Pediu à empregada para chamar a parteira e a vizinha. A parteira veio. A vizinha, pensando talvez nos trotes, apareceu no dia seguinte. Meu pai estava fora, em manobras. Embora não quisesse ter mais filhos, pois já os tinha, cinco, de um primeiro matrimônio, minha chegada deixou-o muito feliz. Ajudava minha mãe nos meus primeiros meses. Cortava as camisinhas de pagão que ela costurava para mim e se alternava com ela para calar meus choros noturnos. Mas, quando eu nasci, ele não estava lá.

Nunca lhes perguntei como fora a vida deles antes do meu nascimento. Nem sei como se conheceram. De minhas tias me vêm várias versões. Uma delas seria a de que se encontraram numa pensão familiar em Botafogo, onde os dois moravam, solitários. Outra é a de que mamãe teria ido trabalhar como secretária de papai e daí resultara o namoro. Uma prima, mais velha do que eu, conta que, muito pequena ainda, costumava acompanhar minha mãe nos seus passeios com um militar.

Sempre me custou acreditar que algum dia meus pais pudessem ter sido jovens e felizes. E me causava surpresa, quase descrédito, qualquer testemunho de que se pudessem ter enamorado e vivido paixões avassaladoras.

Bebê robusto e rosado, fui crescendo. Entre as minhas lembranças mais antigas, das que já nem sei se são memórias ou coisas que ouvi contar, está a de uma casa de pedra, que meu pai acabara de construir, onde eu espetei o pé num prego. Lembro do meu pé gordo, calçado num sapato vermelho, com uma meia branca, de seda. Mal havia começado a andar. Este foi o meu primeiro contato com a dor, aguda e inesperada. Como tiraram o sapato, a meia, o prego, não sei. Ficou-me o choque vermelho do sangue, daquela dor, da cor do sapato.

Pouco depois, dessa mesma casa saiu meu pai. De capitão, fora promovido a major e transferido para Mato Grosso. Viajou num avião militar, o que, naquele tempo, era considerado um ato de coragem. Minha mãe e eu ficamos no Rio. Ela precisava fazer um tratamento. Estava nervosa, chorava muito, e tinha que ser hospitalizada.

Levaram-me para a casa de uns tios que moravam em Santa Teresa. Depois, para a casa de outros tios, na Tijuca. Meus primos de Santa Teresa eram bem mais velhos do que eu. O que tinha dezenove anos escrevia poesias. Às vezes saía correndo do chuveiro para o quarto, enrolado numa toalha, declamando alto os versos que acabara de criar. Eram três rapazes e uma moça. A moça me levava ao hospital nos fins de semana para visitar mamãe, que se abraçava comigo e chorava, o que me deixava aflita.

Eu recebia muitas cartas do meu pai. Muito seguidas, às vezes diárias. Escritas numa linguagem que eu pudesse ler e compreender. Repassadas de tristeza, contaminavam-me com suas angústias que, então, eu não sabia avaliar, embora já me fizessem sofrer.

Quando me levaram para a casa dos tios que moravam na Tijuca, comecei a frequentar o jardim de infância com um primo da minha idade. Algum tempo depois papai voltou de Mato Grosso, mamãe ficou boa e fomos os três para o sul outra vez.

Minha primeira viagem de navio. Eu estava prosa, de vestido novo, chapéu de palha e sapatos de verniz. A família de mamãe foi ao cais se despedir de nós. Ganhei presentes, balas e livros para ler na viagem. Foram quase sete dias de mar, muito enjoo, muito vômito, o navio jogando muito. Só papai não enjoava. Mamãe e eu estávamos semi-mortas no camarote abafado. Depois tomamos um trem que nos levou a São Gabriel, no interior do Rio Grande do Sul. Aí moramos numa casa velha, amarela, com quatro janelas vermelho-escuras, debruçadas na calçada. Era a maior casa da rua principal. Tinha um quintal enorme, cheio de árvores. Papai mandou fazer um balanço, uma gangorra e duas argolas para ginástica. A garotada da rua vinha brincar comigo. Comíamos, no meio da tarde, uns lanches que mamãe distribuía e que me pareciam deliciosos: pão quente, com banana e goiabada.

Comecei a estudar piano. Dona Sebastiana, minha professora, era uma mulata grande e carinhosa que tocava órgão na igreja durante a missa dos domingos. Muito religiosa, tinha em casa, sobre o piano de armário, uma Santa Teresinha, de vidro transparente azul-claro, que era também um abajur. Acendia-se, translúcida, magicamente iluminada por dentro.

Comecei a aprender a andar a cavalo. Todos os dias eu acompanhava o meu pai até o quartel num petiço que ele me dera. Sentia-me imensamente importante e orgulhosa do meu pai, ele montado no cavalo grande, que tinha uma estrela na testa, o Argus. Meu pai dizia que aquele cavalo tinha pertencido ao General Estigarríbia. Argus e Estigarríbia eram nomes estranhos que me pareciam extremamente misteriosos, tirados de histórias de fadas. Todas as manhãs eu ia, ao lado do meu pai, a garotada toda me invejando, até o quartel, nos arredores da cidade, de onde o ordenança me trazia de volta. E à tarde ia buscá-lo, montada no meu petiço. Papai era um ótimo cavaleiro. Ganhava todas as competições. Ensinava-me como eu devia usar os joelhos, sem me agarrar na sela. Queria que eu aprendesse a montar muito bem. Meu avô, que também fora oficial de cavalaria, morrera jovem ainda, aos trinta e três anos, de uma queda de cavalo. Cedo deixara minha avó viúva com os três filhos pequenos. Sempre achei que daí se originou toda a tragédia que meu pai viveu.

Quando meu pai chegava em casa, de volta do quartel, eu corria para ajudá-lo a tirar o talabarte, pesado como uma armadura, de cima da túnica cheia de botões dourados. E as botas. Eu me virava de costas para ele, puxava uma bota, depois a outra, pelos calcanhares, até escorregarem dos seus pés.

Papai era capaz de fazer coisas incríveis, que ninguém mais fazia: tapava as goteiras da nossa casa com um tiro de revólver. A bala se alojava exatamente no buraquinho de onde a água pingava. Desenhava selos nos envelopes de suas cartas, com tal perfeição que as pessoas ficavam tentando levantar-lhes a ponta com a unha, insistindo em tentar descolá-los.

O PAI

Divertia-se apostando com os amigos que os selos passariam no correio. E, realmente, as cartas seguiam sem despertar nenhuma suspeita nos funcionários da agência local.

De São Gabriel nos mudamos, pouco tempo depois de chegados, para Alegrete, onde adoeci gravemente. Tive angina diftérica. Tomava imensas injeções na barriga. Quando finalmente convalesci e o médico que me atendia disse que eu já podia viajar, minha mãe voltou comigo para o Rio. Separava-se de meu pai, por minha causa, para que eu pudesse ter melhor assistência e melhor escola. Era, pelo menos, o que eles me diziam.

Fomos morar num hotel onde viviam a mãe e duas irmãs de minha mãe. O hotel ficava na parte central da cidade. Era sombrio, com grandes corredores onde, de ponta a ponta, se andava sobre uma passadeira vermelha e macia, como as que se usavam na igreja nos dias de festa. Aí tínhamos um pequeno apartamento mobiliado.

Aos quatro anos eu começara a ler e a escrever. Era obrigada a escrever para o meu pai cartas cheias de recados: mamãe manda dizer que. Dele me chegavam outras tantas cartas respondendo: diga à sua mãe que. Nunca entendia por que tinha que ser a intermediária de uma correspondência entre eles, se minha mãe sabia escrever muito melhor do que eu. Além disso, as cartas eram motivo para grandes aborrecimentos. A cada erro meu de ortografia correspondia um cascudo, que ela me dava com o nó dos dedos, na cabeça, para me chamar a atenção. Eu chorava, e então é que complicava tudo. As lágrimas pingavam e sujavam o papel, e eu tinha que escrever toda a carta outra vez.

Dessa época da infância, além dos cascudos de minha mãe, ficou-me na lembrança o caminhão que vendia laranjas sob a janela do nosso quarto. Dourado, imenso, era um colchão de frutas louras de onde o vendedor emergia aos gritos de: "Olha a laranja seleta, trezentos réis o cento". De cima, eu via as pessoas que se acercavam com cestas, sacas, bacias, numa faina de formigas carregadeiras, enchendo-as com centos e mais centos de laranjas.

Ficou-me também na memória um faxineiro português, gordo, sempre suado, cheirando a azedo, vestido numas calças listradas que a pança não deixava que se mantivesse na cintura, em cujos ombros eu, incansável, adorava brincar de cavalinho.

Ficaram-me ainda minhas tias Lydinha e Julita. Tia Julita era uma viúva com dois filhos, uma moça e um rapaz. Fora casada com um inglês, a quem não conheci, cujo nome, Teddy, me lembrava urso de pelúcia. Tia Julita casou-se de novo nessa época. Era uma mulher alta, loura, com grandes olhos azuis e peitos enormes. O dedo médio da mão esquerda apontava sempre para baixo, repuxado pela cicatriz de um panarício. No dia de seu segundo casamento vestia um vestido de seda cinza, com berloques de franjas. Um, sobre um dos peitos, o outro, na altura da virilha, do lado oposto. A cada gesto os berloques se agitavam e o do peito batia no meu nariz. Eu me divertia com aquelas franjas mexedoras, grudada nela o tempo todo. Até que ela percebeu e me deu o fora. Seu segundo marido era da família, primo dela e de mamãe. Bonacheirão, fazia-lhe todas as vontades. E ainda cozinhava, fazia bolos, sopas, mingaus. Incontentável, ela vivia reclamando. Os dois tinham brigas tremendas. Ela o provocava muito e parecia ter-lhe pouco respeito. Ele se desesperava com as discussões e na hora da briga jogava a louça toda pela janela. Os pratos caíam na rua, quebrando-

-se, e também sobre os carros e os choferes do ponto de táxi, embaixo, que já sabiam de onde tinham partido. Apesar
disso, minha tia achava tudo o que era seu melhor do que o
dos outros. E nisso incluía o marido. Ela sempre sabia mais,
comprava melhor e não aceitava sugestões alheias. A cada
Natal nos reuníamos na casa de um dos irmãos de mamãe,
que eram sete. Em casa dela, a comida era melhor, a festa
mais animada, os presentes que escolhera, mais bonitos. E
como era o tio Lauro quem preparava a ceia, virou piada na
família a frase dela, de que o peru do Lauro era muito mais
gostoso, a cada ano relembrada às gargalhadas, para deixá
-la encabulada.

Minha outra tia, Lydinha, era pequenina e míope. Gostava de contar coisas e histórias, o que a levava, às vezes, a
meter-se em encrencas. Foi a minha tia mais querida. Carinhosa, conversadora, alegre, mesmo aos oitenta anos queria
ser moderninha. Chupava, mais que fumava, um cigarro
de vez em quando. Queria fazer charme. Não sabia fumar.
Era engraçado vê-la soltando baforadas rapidamente, com
medo de engasgar-se. Usava calças compridas e gostava de
Mozart. Era a minha grande defensora nas brigas diárias
que eu tinha com mamãe. Tia Lydinha era separada do marido. Haviam morado ambos no nosso hotel, com o filho
bebê. Desconfiada das frequentes visitas que o Tio Ladislau fazia a uma amiga do casal, que vivia no mesmo andar,
pôs-se a espioná-lo. Um dia o viu sair do quarto da moça,
resolveu exigir explicações. No auge da discussão Tio Ladislau abriu o gavetão da cômoda. Dizem que ela se assustou, passou a mão no filho e fugiu. Ela jurava que ele tinha
ido pegar o revólver e ele, que era um lenço o que buscava
na gaveta. Fato é que se separaram. Ela vivia só com o fi

lho, quando nós viemos morar no Hotel Monte Alegre. Tia Lydinha adorava meninas. Gostaria muito de ter tido uma filha. Talvez viesse daí o seu carinho para comigo. Vestia o filho pequeno, embora fosse menino, com camisolas de seda bordadas: e prendia-lhe com fitas os cabelos cacheados e louros. Tudo isso me foi contado mais tarde.

Nessa fase da minha vida, eu vivia enclausurada no nosso quarto, sem crianças da minha idade com quem brincar. Mas lembro-me de um garoto moreninho, menor do que eu, filho de um capitão, que também se hospedava temporariamente no hotel. Foi esse meu amiguinho esporádico que me mostrou uma vez, no corredor vazio, como era feito um menino. Diferente de uma menina. O que me deixou perplexa e muito intrigada, mas com a íntima convicção de que o assunto não podia ser discutido com mamãe ou com as tias.

Paralelamente à lembrança desses acontecimentos, as cartas de papai contam o que foi o 1938 nas nossas vidas. Muito parecidas umas com as outras, eram quase monotemáticas. Falavam da solidão em que ele se sentia depois de nossa partida, transmitiam suas queixas, suas saudades. Invariavelmente iniciadas com duas, às vezes três, expressões como: minha idolatrada, minha muito querida, muito saudosa e encantadora, minha sempre lembrada, filhinha adorada do meu coração, as cartas se sucediam cheias de preocupação comigo, com a minha saúde e, obsessivamente, com os meus estudos e progressos. Contava os dias para as férias, quando poderia vir nos ver. Indagava-me do Carnaval e das fantasias que usara. Queria saber que presentes ganhara no meu aniversário. Se havia gostado do Batalhão que marchara pela nossa rua a caminho da Parada de Sete de Setembro. Papai adorava maiúsculas e adjetivos. Se o canarinho que recebera de presente era muito cantador. Repreendia-me e me recriminava duramente quando mamãe lhe mandava contar que eu mentira ou desobedecera a ela. Ameaçava-me com um Papai do Céu que tudo via e de tudo sabia, punidor e severo, pronto a me castigar por qualquer falta. Fazia-se insistentemente presente na minha vida. E, no Natal, lamentava-se por não poder estar conosco. Dizia que, propositadamente, pusera minhas cartas em cima da sua secretária para que Papai Noel as pudesse ler e, conhecendo os meus desejos, lá deixar os meus presentes. Eu acreditava. E recebia dele tudo o que pedira. Guloso como era, sofria a nossa ausência e também a falta da mesa caprichada que mamãe preparava sempre que passava o Natal conosco, independentemente da festa na casa dos tios.

Papai sabia e usava muitos ditados, para cada situação ele tinha um dito engraçado. Quando eu não queria vestir um agasalho por achar feio ou fora de moda, ele me dizia: ande eu quente e ria-se a gente. Quando eu queria sair, passear, ir às festas onde as multidões se acotovelavam, como no carnaval ou nas paradas, ele me aconselhava: boa romaria faz quem em sua casa fica em paz. Quando, estabanadamente, eu largava algo certo por outra coisa, vinha com a frase: antes um pássaro na mão que dois voando. Ou: quem muito quer tudo perde. E ainda: quem ri por último ri melhor. Ou: Deus dá o frio conforme a roupa e, contraditoriamente, o outro, Deus dá nozes a quem não tem dentes. E por aí, ia.

De minha parte, eu tentava corresponder e me esforçar para ser como ele me dizia esperar que eu fosse. Sempre que recebia minhas cartas respondia-me logo. Elogiava-me a limpeza e a caligrafia. Reclamava apenas serem curtas e raras. Mal sabia ele quanto me custavam, qual a razão para o que ele pensava ser a minha preguiça de escrever.

Quando, depois de mais de um ano fora, meu pai voltou do sul, começou a construir uma casa para nós no Bairro de Fátima. Era um loteamento novo, achava ele que de grande futuro, onde os terrenos custavam barato. A casa foi levantada ao lado de uma igreja protestante, que vivia fechada. Somente aos domingos apareciam devotos e oficiantes. Foram as duas primeiras construções do bairro. Depois surgiram edifícios enormes, de muitos e promíscuos apartamentos.

Com a volta de papai, pude também ser batizada, aos seis anos de idade. Contemporânea de Shirley Temple, vivia a moda dos papelotes e permanentes. Mamãe procurava me manter na onda dos cachinhos. Eu chorava, me rebelava contra os puxões diários para que meus cabelos se encrespassem. Sonhava trançando-os, tão longos como os da Rapunzel. No dia do meu batizado, minha madrinha, Rosa Pacheco, outra personagem boa de minha vida de menina, não conseguia me suspender para a pia batismal. Tão grande e pesada eu já era. Os cachinhos, em pencas, cobriam-me toda a cabeça. Indignado, o padre reclamava da vaidade que impedia que a água benta tocasse a minha pele. Que autenticidade, resmungava, poderia ter aquele sacramento assim mal ministrado? Sem falar no abominável atraso com que me estavam batizando.

Minha madrinha vinha almoçar aos domingos, trazendo-me sempre balas e brinquedos. Era miúda e delicada. Costumava usar um chapeuzinho. Segundo a estação, podia ser preto ou branco, de feltro ou de palha, com flores ou laços. E usava luvas. De pelica, pretas, marinho. As brancas não precisavam estar muito limpas, dizia ela, para mostrar que eram usadas. Minha madrinha entendia de etiquetas, era uma senhora muito fina. De meu padrinho, de nome Amadeus, sei apenas que era um grande amigo de meu pai. Fui batizada na Igreja de Santo Antônio dos Pobres, promessa feita por minha mãe, que nascera dia 13 de junho, dia de Santo Antônio. Por isso se chamava Maria Antonieta. Mas seu apelido na família era Marieta.

Minha madrinha e minha mãe foram das primeiras mulheres a trabalhar no Ministério das Relações Exteriores. Minha madrinha tinha sido noiva. Nunca soube por que não se casou ou o que teria acontecido com o noivo. Era assunto proibido. Uma irmã casada morrera e deixara oito ou dez filhos. Ela assumira os sobrinhos, a quem criava com desvelo. Minha mãe e Rosa Pacheco já eram amigas bem antes de mamãe conhecer papai.

A família de mamãe era grande e desunida. Os irmãos brigavam entre si e volta e meia uns não falavam com os outros, em grandes ódios, discussões, diz-que-diz-ques. O irmão mais velho era diplomata. Gostava muito de minha mãe, das irmãs, a mais moça. Fora ele quem a levara a trabalhar no Itamaraty. Era um homem inteligente, com grande facilidade para falar. Podia discorrer durante horas sobre qualquer assunto, com humor. Vivia inventando histórias engraçadas. Foi sempre o mais admirado da família. Contavam com orgulho que trabalhara com o Barão do Rio Branco e fora embaixador no Uruguai, na Alemanha, em Portugal e em outros países da Europa. Mas quando minha mãe foi viver com meu pai, o irmão a repudiou e passaram muitos anos sem se falarem. Com a suspeita de tuberculose, mamãe foi aposentada para que pudesse se tratar e não voltou a trabalhar.

Os outros irmãos de minha mãe eram Salvador, o Dodô, e Mário, advogados. Rodrigo, com o nome de meu avô materno, apelidado de Cid, era médico. E Juca, o José Augusto, dentista.

Tio Dodô era o tio que morava em Santa Teresa, na casa de quem estive uns tempos enquanto mamãe estava no hospital. Sua mulher, tia Zilda, gordinha e bondosa, tinha uma verruga no queixo. Foi ele, dos irmãos, o primeiro a morrer. Fui vê-lo operado, com a barriga inchada, enorme. Usava óculos de aros escuros e grossos, falava agitado. Diziam que era muito boêmio, bebia, jogava, não ligava para dinheiro. Nem para trabalho. A família às vezes passava mal. Lembro que todos os seus filhos tinham olhos claros, assim como os filhos de tia Julita. Sempre gostei de olhos claros. Meu pai também tinha olhos claros, azuis. Desse meu tio contavam que costumava dizer, quando queria desesperar aqueles que vinham dar-lhe conselhos ou deixar de mau humor os que tentavam pô-lo no caminho da seriedade: "Dinheiro pouco é bobagem, queijo em francês é *fromage*". Fazia tremendas tapeações para conseguir dinheiro para suas farras. Meus primos e minha tia viviam sempre com problemas, resultado de suas irresponsabilidades. Mas esse tio morreu logo.

Lembro-me de tio Mário como uma figura apaixonante. Um homem bonito, que já conheci grisalho, vivendo em uma fazenda para os lados de Campo Grande. Isolado do mundo. Andava sempre calçado com umas botas de couro amarelo, e chamava as pessoas de "vosmecê". Nunca mais ouvi ninguém chamar os outros assim. Para a fazenda se ia de carro ou de trem. Neste caso, se saltava numa estação mínima, onde só havia uma pequena plataforma, Inhoaíba.

O PAI

Eu adorava ir lá, o que acontecia duas vezes por ano, pelas festas de São João e nos fins de ano. Meu tio era o advogado dos pobres. Começara muito bem sua carreira, com sucesso e dinheiro. Comprara o que minhas tias chamavam "um palacete" em Botafogo, onde morara. Apaixonara-se então por uma menina, operária de uma fábrica, filha da lavadeira. Tão grande a paixão que se casou com ela. Cedo a recém-casada se deu conta do erro que havia cometido. Mal sabia falar, escondia-se dos amigos que vinham à sua casa. Não podia acompanhar o marido a lugar algum, fazia vergonha. Sentia-se inferior, oprimida pelo "palacete", pelos empregados, pelos professores, as boas roupas, as boas maneiras. Deslocada no mundo dele, incapaz de aprender a viver a nova vida. Três meses depois do casamento tomou formicida. Contavam as minhas tias, horrorizadas, que a mãe da moça fizera questão de enterrá-la com o mesmo vestido com que se casara. Como se ainda virgem. Meu tio ficou enlouquecido. Vendeu a casa e foi para a fazenda, em Inhoaíba, de onde não saía, senão em ocasiões muito especiais. Duas fileiras de mangueiras ladeavam a subida do morro, desde a porteira pintada de azul até a casa branca da fazenda. Era um verdadeiro túnel verde e perfumado, atapetado de frutos amassados, sempre cobertos de abelhas e zumbidos. Advogava de graça para os pobres da região, que lhe traziam frutas, ovos, galinhas, porcos, presentes de gratidão. Depois de anos sozinho, foi viver com ele a tia Iracema. Mas não se casaram. Ela se resignava a ser a pessoa que cuidava da casa e das coisas. Com o tempo, integrou-se definitivamente à família. Tia Iracema preparava os lautos banquetes em que nos reuníamos, mas não se sentava à mesa. Só muito tempo depois. Era uma pessoa calma e submissa, embora se queixasse, às vezes, mansamente, com mamãe ou com as minhas tias, da sua estranha posição naquela casa. Tio Mário não queria reconhecê-la como sua mulher, apesar de ela ter sido sua companheira por tantos anos. Ao que sempre lhe aconselhavam, paciência, Iracema, um dia ele entende.

A fazenda era grande. A casa tinha um varandão atrás, onde nós, as crianças, comíamos em volta de uma larga mesa de madeira. E, na cozinha, um imenso fogão de lenha, preto, enfumaçado, cheio de bocas quadradas e vermelhas, palitadas com grandes hastes de ferro que remexiam as brasas lá dentro, fazendo-o, de vez em quando, cuspir fogo.

Tio Mário passava quase todo o seu tempo deitado numa rede, na biblioteca, lendo. Tia Iracema tinha três sobrinhos, dois rapazes e uma mocinha. Brincávamos juntos. Ir a Inhoaíba era sempre motivo de grande excitação para mim. Na véspera da partida mal dormia, na ansiedade de que chegasse logo a hora de pôr no carro a bagagem e começar a viagem. Ficava deitada pensando nos cavalos, nas galinhas, nas frutas, na charrete e no som rouco de sua buzina, ahua-ahua. Tia Iracema não tinha o dedo mindinho da mão direita. Ao dar açúcar para um cavalo de estimação, este comeu-lhe o dedo. Tio Mário era carinhoso comigo, apesar do seu jeitão secarrão. Devia sentir o fascínio que exercia sobre sua sobrinha menina. Quando eu tinha doze anos, fiz meu primeiro bolo, com uma receita de mamãe. Era minha grande realização culinária. Levei-o para ele, de presente. Morreu já velho. Teve um enfarte e, contra as ordens médicas, insistiu em fazer a ginástica matinal. E assim se foi.

Tio Cid, como tio Dodô, era agitado. Falava rápido e tinha o hábito desagradável de, enquanto conversava, espetar o dedo, com força, no ombro do interlocutor. Era médico. Tinha sido oficial de Marinha, mas, acusado de integralista, fora preso e expulso da corporação. O que o amargurou profundamente. Devotou sua vida a cultivar um ódio feroz ao governo, qualquer que ele fosse. Não permitiu aos filhos que frequentassem escola. Tinham que estudar às escondidas. Como tio Mário, ele também refugiou-se em Campo Grande, numa casinha de subúrbio, com uma varanda de lado, coberta pelas flores de uma trepadeira. À casa dele íamos pouco. Acho que, ao meu pai, militar, não lhe agradava a forma revoltada e irreverente com que ele se referia à pátria amada e aos seus dirigentes. Saíam sempre discussões sem fim. Sua mulher, como a de tio Mário, também se chamava Iracema. Esta Iracema era mesmo casada com tio Cid. Solidária com ele, reverenciava-o e obedecia-lhe, mesmo quando ele a esmagava com seus impropérios nas crises de mau humor. Nem ela, nem os filhos tiveram jamais coragem para rebelar-se contra sua tirania. Absoluta a união entre os subjugados e o dominador. Depois de muitos anos, trinta, quarenta, o governo decretou uma anistia e ele pôde reverter à Marinha. Recebeu uma indenização e reintegrou-se à Armada, no posto de capitão-de-fragata da reserva, devido à idade. Mudou-se a família para o Leblon. Maria, minha prima, estudara francês e inglês às escondidas. Queria viajar. Nunca conseguiu. Começou a trabalhar como professora de línguas numa escola de meninas. Meu primo se formara em Física e Matemática. Ensinava em Niterói. Tio Cid morreu de câncer no pulmão. No fim da vida fez as pazes com o mundo, mas não perdeu o hábito detestável de espetar o ombro da gente com o dedo enquanto falava. Minha tia e meus primos ficaram perdidos, inconsoláveis com a morte dele. Meus primos jamais se casaram. No início, talvez, por medo do pai. Depois, para não deixarem a mãe sozinha. Otto era um rapaz bonito, de testa larga e cara de poeta. Maria, vaidosa, vestia-se bem, cuidava da pele, dos cabelos. Apesar da diferença de altura, sendo eu mais alta, nos parecíamos muito. Ao ficar viúva, tia Iracema continuou morando com os filhos, no mesmo apartamento do Leblon. Maria tinha um caso com um médico, desquitado, bem mais velho do que ela. Nós sabíamos, mas ninguém dizia nada. Tia Iracema era a pessoa mais magra e de mais frágil aparência que conheci. Nessa fragilidade extrema, viveu muito, embora sempre se queixando da saúde. No final da vida, Mamãe também morava no Leblon. As duas estavam sempre juntas, viam-se quase todos os dias. Intercambiavam nomes de remédios, endereços de médicos e notícias sobre as pensões dos militares. Jamais as ouvi relembrar histórias ou contar coisas do passado, como se o tivessem enterrado com os respectivos maridos. Mamãe morreu antes dela. Meses depois tia Iracema levou um tombo e quebrou a bacia. Teve que ser operada. Não resistiu. O pânico dos filhos foi completo. Abalada com a morte da mãe, uma semana depois morreu Maria. Atirou-se do vigésimo primeiro andar de um edifício. Pela janela do consultório do médico bem mais velho, com quem tinha um caso. O que se passou entre eles ninguém sabe. Diz o médico que Maria estava muito nervosa. Que lhe dera um calmante e a deixara descansando no sofá da sala de espera, enquanto atendia um paciente. Quando voltou a vê-la foi lá embaixo, estatelada no chão, o povo em volta, espiando.

O irmão mais moço de minha mãe, Juca, era dentista. Simpático e alegre o caçula da família. Grande parte de minha infância e adolescência está ligada a ele e à sua mulher, Magnólia, dos meus tios, a única que ainda vive. Tio Juca casou cedo. Teve três filhos, dois rapazes e uma moça. Gostava de se vestir de branco, ternos de linho, sapatos de duas cores, como um inglês nos trópicos. Trocava sempre de carros, até comprar um Jaguar bege, que era a menina dos seus olhos. Seu filho mais velho foi meu bom companheiro de brincadeiras. Moravam na Tijuca, numa casa com um grande quintal. Muitas coisas boas da minha infância e adolescência devo a eles. Com eles passei minhas melhores férias de menina, em Teresópolis, onde tinham uma casa de veraneio. Ou em Lambari, onde repartia um quarto de hotel com tia Lydinha, que os acompanhava também. Meus pais nunca iam a lugar algum. E esses dois tios sempre me carregavam, com os próprios filhos, para onde eles fossem. Tio Juca era outro agitado. Com a idade acentuou-se seu nervosismo e foi ficando mais contestador. Deu para mulherengo, apaixonou-se por uma cliente e separou-se da minha tia. Separação estranha e incômoda, pois continuaram morando na mesma casa, em quartos diferentes, o que tornava o convívio obrigatório uma espécie de mútua tortura. Ele se tornou uma pessoa desagradável e provocadora. Ela, queixosa e amarga. Afinal meu tio se decidiu a ir para Teresópolis, onde passou a viver a maior parte do seu tempo, na casa onde havíamos estado todos juntos durante tantos verões memoráveis. Já não trabalhava mais no consultório. Tio Ladislau, o marido de minha tia Lydinha, separado dela há muito tempo, resolveu acompanhá-lo. Tio Juca não andava bem do coração. Temia estar sozinho e ter um enfarte. Uma noite o tio Ladislau sente-se mal e é ele quem morre de uma crise cardíaca, antes de ser possível qualquer socorro. Tio Juca viveu alguns anos mais. Afinal, esclerosado, rabugento, morreu sozinho.

Mamãe teve ainda três irmãs. Tia Lydinha, tia Julita e tia Neném. Das duas primeiras já falei. Tia Neném, a mais velha, se chamava Maria Emília. Herdara o nome de vovó. Minha mãe era parecidíssima com ela, embora minha tia fosse mais morena e maior. Ambas, mamãe e ela, foram ficando surdas. No final da vida usavam aparelhos para a surdez e provocavam o riso dos outros com os mal-entendidos que surgiam nas suas conversas, principalmente quando se falavam ao telefone. Em vez de colocarem o fone no ouvido, encostavam-no à altura do peito, onde estava o aparelho, preso ao sutiã. Se precisassem aumentar ou diminuir o volume, o que acontecia com frequência, tinham que meter a mão pelo decote. O que já era engraçado. E, mais ainda, quando estavam juntas. Parecia que as duas se coçavam, repetindo, às vezes ao mesmo tempo, aqueles gestos insólitos. Mamãe achava que a surdez tinha sido consequência de otites mal curadas, ocasionadas por banhos de rio que tomavam quando meninas, em Alagoas. A surdez de mamãe também me causava problemas. Antes do aparelho, quando ela ralhava comigo, entremeava suas zangas com a frase: e não me responda!, assumindo que não tivesse ouvido alguma coisa que eu dissera. Eu, que, calada, nessas horas mal me atrevia a responder-lhe, quando assim repreendida, acabava ficando com vontade de rir. Se me pegasse rindo, a coisa piorava e choviam cascudos. Depois que ela comprou o aparelho, levamos algum tempo até nos acostumarmos com a novidade da sua audição mais que perfeita. Continuávamos a falar alto com ela. Ao que ela retrucava: fale baixo, menina, que eu não sou surda! O que também me dava vontade de rir. Segundo mamãe, tia Neném, quando mocinha, tinha os cabelos negros e luzidios tão compridos que chegavam aos calcanhares. Contava que roçavam o mato no caminho do rio. Eu, que jamais consegui ter cabelos longos e me desgraçava com meus cachinhos à Shirley Temple, morria de inveja e adorava ouvir essas histórias.

Minhas tias gostavam de música. Tia Julita tocava piano. Mamãe, não. Minhas tias frequentavam o Municipal, compravam assinaturas para as temporadas líricas, para os balés, para os concertos. Mamãe, não. Assistiam às boas peças de teatro, que comentavam depois lá em casa. Mamãe, não. Mamãe saía exclusivamente para ir ao médico ou para fazer compras. Mesmo à casa dos irmãos ia raramente. Minhas tias e minha madrinha é que vinham vê-la. Minhas tias vestiam-se bem, usavam estolas de peles e martinhas, raposas nos ombros, quando iam aos teatros. E tia Lydinha tinha uns anéis bonitos. Havia um, que particularmente me agradava, um retângulo quadriculado de safiras e brilhantes, como um pequeno e reluzente tabuleiro de xadrez. Os anéis sempre me fascinaram. Talvez por serem símbolos de autoridade, de compromissos, de nobreza, desde menina achava que retinham algum poder secreto.

Tia Neném, a tia mais parecida com minha mãe, era casada com o tio José, uma pessoa de trato extremamente doce, apesar de ser delegado de polícia. Mas me assustava quando dirigia. Resmungava o tempo todo, com um ar de raiva, e dizia palavrões entre dentes. Esquecia-se da minha presença, acostumado com a surdez da mulher que, sentada placidamente a seu lado, no carro, não ouvia o que ele ia dizendo e, por isso, não reclamava. Tiveram uma única filha, morena, bonita e doce, que se casou com o filho do gerente do Hotel Monte Alegre, onde toda a família se hospedava. Mas logo enviuvou. Voltou para a casa dos pais, com a filhinha pequena. Viviam todos no andar superior à casa em que morava tio Juca. A viuvez prematura da minha prima ameaçava tia Mag. Sua insegurança em relação ao marido fazia com que suspeitasse de todas as mulheres que dele se aproximassem. O ciúme levou-a a fazer comentários desagradáveis sobre a jovem vizinha. Minha prima viúva não era surda. Ouviu o que a tia dizia dela e houve uma cisão na família. Tia Magnólia dizia que desconfiava não propriamente da probidade da sobrinha viúva, mas de que ela estivesse acobertando o namoro de meu tio com a cliente por quem ele havia se apaixonado. E a coisa pegou fogo. Tempos depois, a viúva morena, bonita e doce casou-se outra vez, com um marido bom e calmo e foram morar em Copacabana.

Tia Lydinha morreu do coração. Foi sempre alegre e conversadora. Tia Julita, que se mudara para um apartamento no Flamengo, onde vivia sozinha, suicidou-se, aos setenta e quatro anos. Depois de várias operações, dez ou doze, viúva uma segunda vez, sem um rim e com o outro canceroso, abriu o gás e foi encontrada morta. Denis, seu filho, um homenzarrão, nunca mais o vi, desde menina. Vive em Itapetininga, ou Guaratinguetá, uma dessas cidades paulistas de longo nome indígena. E a filha, Flora, a de olhos claros e líquidos, casou-se com o representante da Ford no Brasil. Eu estava noiva na época do casamento dela. Ajudava-a a vestir-se, embevecida e invejosa, imaginando o dia do casamento como o da realização do maior sonho de uma moça. No entanto, atônita, ouvi-a dizer que não sabia para que ia se casar. Vestida de noiva, frente ao velho espelho do armário escuro do quarto de minha tia, o quarto de esquina no segundo andar do Hotel Monte Alegre, antes mesmo de ir para a igreja, já se arrependia. Aquilo me parecia tão absurdo, um sacrilégio quase. O casamento foi bonito. O noivo era rico. Foram viver numa casa em Ipanema. Tinham sempre o carro de último modelo da Ford, boa casa, bons móveis, bons empregados. Nasceram três filhos. Thomas era o exemplo do bom marido. Até que, um dia, foi-se embora. Com outra. Flora teve que vender o que ele não retirou da casa e mudar-se para um apartamento de quarto e sala, com os três meninos já crescidinhos. O filho mais velho começou a trabalhar de dia e estudar à noite. O desquite foi um tremendo abalo para minha prima. Acostumada a um alto padrão de vida, a família desequilibrou-se. O filho mais velho, esmagado por responsabilidades e encargos demais para os seus quatorze anos, depois de uma violenta discussão com a mãe, trancou-se no banheiro. Quando tiveram que arrombar a porta já o menino agonizava. A exemplo da avó, escolhera o gás.

Às vezes me preocupa a incidência de suicídios na família de minha mãe. O primeiro de que tenho notícia é o de meu avô, pai dela. Não o conheci. Matou-se no ano em que nasci, com a mesma idade de tia Julita, aos setenta e quatro anos. Tia Mag conta que, quando minha mãe veio comigo ainda bebê para o Rio, meu avô foi o primeiro a nos acolher em casa, dizendo que eu era sua neta. Que não admitia comentários sobre o meu nascimento. Embora ao meu pai, nem ele, nem ninguém da família quisesse receber. Segundo mamãe, minha avó foi sempre muito severa. Mamãe fugia dela dentro de casa, procurando nunca estar no mesmo cômodo em que ela estivesse. Obrigava as filhas a cultivarem as prendas domésticas, cozinhar, costurar, bordar, o que minha mãe detestava, sem nenhum jeito para esses trabalhos manuais. Pagava às minhas tias tostões de sua mesada para fazerem sua tarefa, enquanto vovó não as via. Odiava bonecas e brinquedos femininos. Sua madrinha lhe trouxera de Paris uma boneca finíssima, para quem tinha que fazer roupinhas. Quebrara-a e a escondera na cesta da roupa suja. E minha avó castigou tia Julita, que invejava a boneca. Mamãe gostava mesmo era de empinar papagaio, rolar arco na rua, jogar bola de gude, tudo o que era brincadeira exclusiva dos rapazes.

Meus avós possuíam um sítio na Estrada do Joari, em Campo Grande, onde viviam. Vovô havia sido desembargador no Acre, mas ambos haviam nascido em Alagoas. Não sei como se conheceram e se casaram. Tiveram oito filhos e uma filha adotiva, Bertha. Bertha, um segredo de família, resultara de uma aventura precoce do meu tio Arthur. Só depois de sua morte é que mamãe me contou isso. Meus avós viviam sós, nesse sítio. Os filhos crescidos seguindo seus caminhos. As muitas tragédias familiares faziam-lhes a velhice pesada e amarga. Meu avô teve câncer na próstata. Sentia muita dor, mas não queria ser tratado. Por pudor, ou por certeza da inutilidade de qualquer tratamento. No dia em que concordou com a vinda do médico, vovó foi apressadamente chamá-lo. Na volta, encontrou vovô pendurado da trave do banheiro, o corpo espichado no ar. Aos setenta e quatro anos. Se enforcara. Não consigo entender essa força maior que supera o instinto mais entranhado no homem, o de viver. Que fraqueza impele a essa coragem?

Quando eu era ainda bem pequena fui ao sítio de minha avó. Estava para ser vendido. A casa era como as do Nordeste, com alpendre, um varandão correndo por três de seus lados. As portas da cozinha, serradas ao meio, viviam só com a parte de baixo fechada, para impedir a entrada dos cachorros. As galinhas ciscavam no terreiro, e o galo, mais afeito, às vezes vinha cocoricar trepado na meia-porta da cozinha, de onde era enxotado para voltar logo depois. Muitas árvores, mangueiras imensas, pés de jambo, jabuticaba, graviola, jaca, açaí, pitanga, todas as frutas do Nordeste no pomar carioca. Nos dias de sol comia-se sob a maior das mangueiras, em uma mesa comprida, de madeira. Tudo cheirava a fruta e a flor. Tamarindos e *flamboyants*, jasmineiros e laranjeiras. Cachorros matutos, pensativos ou sonolentos, se espreguiçavam pelo terreiro. Só a chegada de estranhos no portão conseguia tirá-los daquela lerdeza. Minha avó vendeu o sítio e foi morar com um filho, depois com outro. Acabou por instalar-se no hotel, no quarto 214. Velha e doente, sua máscara de amargura repuxava-lhe os cantos da boca para baixo. Meu primo, o que tinha a minha idade, era muito traquinas. Quando vinha visitá-la, metia-se sob o estrado de metal, embaixo da cama dela e ficava corcoveando. Vovó, deitada, se zangava, enquanto se sacudia toda, ao ritmo da capetice dele. Eu, sonsa, ficava rindo, mas com pena dela. Juntos, tocávamos a campainha das portas dos quartos, chamávamos os elevadores, depois corríamos a esconder-nos. Eu o admirava muito. Acompanhava-o no que fazia, porém, no mais das vezes, faltava-me coragem para imitá-lo. Ele punha pedras nas panelas de feijão, levantava as saias das empregadas e prendia com alfinetes, sem que elas percebessem, para rir-se delas com as pernas de fora. Quando eu fui, toda arrumada, de vestido de tafetá cor-de-rosa, laçarote atrás, fita nos cachinhos, ao aniversário dele, com estritas recomendações de minha mãe para que não sujasse meu vestido novo, meu primo limpou as mãos sujas de chocolate na minha saia. Levei muitos cascudos nesse dia.

Finalmente, nossa casa ficou pronta e nos mudamos. Fora construída com material da demolição do Quartel General, que papai comprava mais barato. Era uma casa de final dos anos 1930, de pó de pedra, cinzenta e feia. Encarapitada sobre um muro alto, dava sobre a rua. Por trás dela crescia outro muro sustentando o quintal. Equilibrava-se a casa no rebordo de um morro que vinha de Santa Teresa e acabava no nosso bairro. Um terreno em desníveis. Mudamo-nos os três para a casa da Marieta, como diziam minhas tias. No andar superior havia três quartos de dormir, o dos meus pais, o meu e um para hóspedes, logo depois ocupado por minha avó. Apesar das restrições que ela fazia ao meu pai, a quem tratava com um ar distante e superior, ironicamente, foi na casa dele que passou seus últimos dias. Meu quarto tinha móveis laqueados cor-de-rosa. Cama sem grades, guarda-roupa, cômoda e uma penteadeira com um banquinho acolchoado. Sentada frente ao espelho redondo, eu me sentia uma moça. Imitava mamãe, a fingir que passava batom, esfregando depois os lábios um no outro, como a via fazer. Uma porta comunicava o meu quarto com o de papai e mamãe. A janela do quarto dos meus pais era larga e aí papai plantou gerânios, única alegria na fachada pesada e escura. Papai cuidava ele mesmo do jardim, onde semeara roseiras de todos os tipos, jasmineiros e buganvílias. Até hoje não posso ver uma buganvília branca sem me lembrar do pé que, por ser a mais rara, pôs junto ao portão, esperando que o cobrisse de flores. Esse único cresceu frondoso, mas jamais floriu. No jardim da casa nova, como de praxe, ele e mamãe plantaram, cada um, sua acácia. Dizem que a árvore dá sorte, mas morre com a morte de quem a plantou. A de papai confirmou a lenda, secou toda e seguiu-o logo depois de sua morte.

Essa casa foi, e tem sido, vida afora, uma fonte inesgotável de pesadelos. E foi aí que eu vivi, a partir dos sete anos, o pesadelo maior e mais real da minha vida – minha infância e adolescência.

Quando o meu pai estava em casa, era no seu colo que eu dormia. Vestia o pijama e vinha me encarapitar nos seus joelhos. Tínhamos uma cadeira grande, de balanço, dessas vienenses. Nessa cadeira, ele se sentava para me ninar. Contava-me histórias enquanto me fazia coceirinhas pelas costas até eu adormecer. Depois me punha na cama.

Logo depois que nos mudamos para a casa nova, vovó veio morar conosco. Tinha setenta e nove anos, estava doente e amargurada. Vestia-se sempre de cinza ou de preto. Lembro-me muito de uns sapatos que ela gostava de usar e que eu adorava. Eram pretos, de tacão alto e largo, amarrados como os de um homem, com a parte da frente em couro trançado. Sapatos *tressés*, chamavam-se. Além de terem um nome francês, rangiam levemente quando ela andava, o que me parecia muito chique.

Um rádio grande, com a parte superior ovalada e um estreito mostrador iluminado de verde, nos transmitia programas musicais, novelas, sambas de carnaval, noticiários. Minha avó se instalava numa poltrona, perto dele, e todas as tardes, às seis horas, invariavelmente, ouvia a Ave-Maria, um programa de quinze minutos de orações, a que acompanhava com sussurros e suspiros, benzendo-se, os olhos fechados numa expressão de grande sofrimento. Toda vez que eu me acercava, tinha a impressão de que ela fechava os olhos para fazer de conta que não me via. Talvez não quisesse mesmo me ver, para não ter que tomar conhecimento da minha existência. Aquilo me desconcertava e me fazia ir saindo de fininho. Sentia-me, ao mesmo tempo, repelida e com pena da tristeza dela. O pior de tudo em relação à minha avó era a capacidade, unicamente sua, de tirar os dentes e pô-los num copo, na mesa de cabeceira, todas as noites, justamente na hora em que eu devia dar-lhe boa-noite, antes de dormir. O beijo dela ficava murcho, enfiava-se boca a dentro e não atingia o meu rosto. Enquanto os dentes riam de mim, lá dentro do copo.

A vinda da minha avó para viver conosco me complicou muito a vida. Eu não podia correr, nem gritar, nem falar alto, nem cantar. Mamãe amiudou os cascudos por causa dela. Dizia que eu precisava ter mais consideração, não fazer barulho, não incomodar a avó que estava doente. Eram, o dia inteiro, as mesmas frases: pare com isso, menina, sua avó está dormindo, sua avó está descansando, não aborreça a sua avó. Consideração era algo muito abstrato, muito elástico, e eu não conseguia, por mais que me esforçasse, ter dela uma dose suficiente e adequada.

Antes do regresso do meu pai ao Rio, suas cartas cobravam insistentemente minha entrada para o colégio. No hotel, eu estudava com mamãe, e depois, com minha prima Flora. Ele achava indispensável que, agora, quase aos sete anos, eu começasse o curso primário, seguindo um programa de ensino mais consistente. Minhas primas mais velhas, Maria José e Flora, tinham estudado no Colégio Regina Coeli. Flora me falava sempre do internato. E para lá me entusiasmei a ir, seguindo os exemplos da família. Meu pai, ao saber da minha decisão, me escreveu, surpreso e satisfeito com a escolha, que era também a dele. Admirava-se de que pudesse, tão pequena, resolver do meu futuro com tanto tino e firmeza. Imaginava eu que no internato teria amiguinhas com quem brincar, em vez de viver sozinha, perambulando pela casa, entre adultos apenas. Acreditava que lá poderia correr, pular, fazer o barulho que quisesse. Durante vários dias mamãe empenhou-se em fazer as compras especiais, camisolas, roupas de baixo, toalhas, lençóis, para o meu enxoval. Tudo foi meticulosamente lavado, passado e arrumado dentro de uma maleta nova. Saquinhos cheios de alfazema, amarrados com laços cor-de-rosa, perfumavam as roupas na maleta. Até um robe de toalha e um par de chinelinhos brancos puseram lá dentro. Em todas as peças de roupa foi aplicado o número que me acompanharia durante sete anos: 105. Como num regimento. Ou numa penitenciária.

Eu estava muito inquieta, entre agradada e apreensiva, com a próxima ida para o internato.

Mamãe foi me levar, no primeiro dia de aula. Pela primeira vez eu ia dormir fora de casa.

Eu era a menor do colégio. Tinha sete anos. Entrei pisando forte no grande saguão ladrilhado, imaculado, brilhante, polido, limpo. Os passos ecoando. Quando nos aproximamos da escadaria que levava para o interior do enorme prédio, senti um desespero crescer no peito e me acelerar o coração. Meu pai sempre me ensinara a não chorar, ser corajosa. Só o orgulho me sustentou naquele momento e me fez enfrentar a realidade desconhecida em que se transformava minha mal pensada e, agora, irreversível decisão. Não me sobrava nenhuma oportunidade para renegociá-la. Desejei que algo acontecesse para impedir de me levarem, escadas acima, as minhas botinas pretas, ora um pé, ora outro, no mármore dos degraus. Um nó na garganta me impossibilitava de dizer qualquer coisa, mesmo um adeusinho para mamãe, que ficara ao pé da escadaria, à espera, talvez, de que ainda me virasse para ela. Sem olhar para trás, aparentemente impassível, fui-me afastando concentrada no esforço de não deixar que pulassem dos meus olhos, pesadas e gordas, as lágrimas que me ameaçavam. E assim entrei para o internato.

Ao contrário do que eu esperava, aí também não se podia cantar, pular, fazer barulho. Tínhamos apenas três recreios diários, depois do almoço, depois do lanche e depois do jantar. De meia hora cada um. O resto do dia era de absoluto silêncio, quer durante as aulas, quer durante as refeições, quer nas intermináveis filas em que nos conduziam, escadas abaixo e acima, do dormitório para os banheiros, da capela para o refeitório, do pátio para as salas de aula. De espaço a espaço, uma das madres controlava as meninas para dar-lhes notas baixas de comportamento quando as apanhava em flagrante, falando com outra. Acordávamos antes das seis da manhã, para a missa de todos os dias. Nos meses de inverno era ainda noite quando nos levantávamos. Havia lições de tudo o que mandava o programa oficial. As mais frequentes, porém, e de mais longa duração, eram as de religião. Sabíamos de cor o catecismo e a história sagrada. O pecado andava atrás de nós como a nossa sombra. A não ser nos horários de recreio não podíamos falar, nem uma palavra, umas com as outras. Não bastasse isso, nossos recreios eram surrupiados pelos mais variados motivos, para engraxar os sapatos, fazer a limpeza nas carteiras, ensaiar canto para a missa de domingo e, o que era pior, a suprema vergonha, para deixar a madre enfermeira passar pente fino nos nossos cabelos. Eu morria de medo de um dia ter piolhos. De toalha nos ombros, desfilávamos pela porta da enfermaria. Lá dentro, a madre enfermeira nos esperava, diante de uma bacia de álcool, onde ela mergulhava o pente. Recebia-nos duas a duas. Um piolho que fosse encontrado e nunca mais se perderia a pecha de piolhenta. Tínhamos todas que repartir o cabelo do mesmo lado, prendendo-o com um grampo. Usávamos umas meias compridas, pretas e grossas. Nosso uniforme era feio e deselegante, desenhado com o intuito evidente de não deixar transparecer nada que pudesse revelar as formas meio indecisas das meninas em crescimento. Havia mais ou menos cem camas em cada dormitório, o das menores e o das maiores. Era imoral e totalmente proibido falar com as outras meninas no dormitório. Um sino nos acordava de manhã. Fazíamos nós mesmas nossas camas e íamos para o lavatório, onde as pias redondas, umas vinte de cada lado, ficavam enfileiradas ao longo de mesas de mármore. Não se podia olhar para as vizinhas, os olhos deviam ser mantidos baixos, para evitar maus pensamentos. Os banhos eram racionados, só às quartas e aos sábados. E tinham que ser tomados de camisola de brim escuro, porque era pecado ver o próprio corpo nu. Tudo me parecia duro e difícil. Eu, que era uma criança solitária e acomodada, rodeada de adultos que me tratavam como a um deles, apesar dos mimos do meu pai, me vi, de repente, fazendo parte de um grupo heterogêneo e hostil, cujas regras de comportamento tinha de aprender, e rápido, para sobreviver.

A primeira noite no colégio foi terrível. Quando me vi, sem muito êxito, desajeitadamente esticando os lençóis da minha cama, coisa que jamais havia feito até então, e, depois, deitada no escuro, como tantas outras meninas, algumas já ressonando, não consegui dormir. Sentia-me perdida. As lágrimas, contidas durante o dia, soltaram-se como numa tremedeira de febre, acompanhadas de fundos soluços que começaram a me sacudir. Os primeiros, ainda roucos, abafados. Mas os seguintes, alteando-se incontroláveis, guiaram a freira à minha cama, para saber o que estava acontecendo. Eu queria mesmo era o colo do meu pai. Queria voltar à grande cadeira de balanço, tão grande, que me dava medo sentar-me nela sozinha. Medo de que me derrubasse. Queria aninhar-me no colo do meu pai, adormecer encostada no peito largo dele, despreocupada, me perdendo no sono enquanto sua voz mansa ainda me contava uma história qualquer. Mas papai estava longe, no Rio Grande do Sul. Sequer pude contar-lhe esse meu sofrimento, pois mamãe lhe mandara dizer que eu me portara muito bem na entrada do colégio, como uma mocinha, sem lágrimas nem bobagens. Também não tive coragem de dizer à freira o meu mal, dizer que queria desesperadamente ir-me embora, para a minha casa, para a minha cama laqueada cor-de-rosa. A minha era uma casa triste, onde eu perambulava entre minha mãe e meu pai, os três desencontrados. Mas era a minha casa. Meus pais, enredados em seus problemas, sobrecarregavam-me com coisas que eu ainda não compreendia bem e que me machucavam. Criança amadurecida à força, adulta desprotegida, incapaz de entendê-los, muitas vezes me via obrigada a julgá-los, a tomar partido e isso me fazia sofrer. Ainda assim, aquela era a minha casa. Ali ficava o meu quintal, onde viviam dois cachorros, uma gata, um papagaio, meus amigos, e até um macaco que papai trouxera de uma viagem a Goiás. Um quarto só meu, no qual me refugiava dias inteiros a falar com minhas bonecas, a família inanimada que me ouvia sempre tão atenta.

Respondi à freira que eu chorava com dor de ouvido. A madre enfermeira foi chamada para pingar umas gotas no meu ouvido são, que não doía nada. Meu sofrimento era outro, profundo: a infelicidade de me sentir sozinha e por mim mesma atraiçoada.

Aquele foi o mês mais longo da minha vida. No primeiro ano de colégio só se podia sair uma vez por mês. Eu achava que nunca mais ia voltar para casa. Via-me definitivamente abandonada, numa orfandade ainda mais dolorosa, porque deliberada.

Fizeram-me ingressar no terceiro ano primário, depois de alguns testes em que me saí bem. Já sabia ler e escrever há muito tempo. Meu pai me ensinara. E estava adiantada. Minhas colegas eram todas bem maiores do que eu. Faziam tudo para que eu, pirralha, me pusesse no meu lugar, não me metesse com elas. Pensei que, quando o meu pai voltasse, teria pena de mim e me levaria de volta para casa. Ao contrário, quando eu lhe contei como era a minha vida enclausurada, ele riu docemente das minhas queixas e disse que o colégio era ótimo, dos melhores do Rio, que eu me acostumaria com a minha gaiola de ouro. E fui ficando.

O uniforme era muito maior do que eu, para durar vários anos. Listrado de azul e branco, frouxo, era fechado atrás por muitos colchetes. Vivia despencado. Assim como as botinas, cuja fileira de botõezinhos, até o meio das canelas, eu jamais conseguia abotoar direito. As abas de couro estavam sempre batendo nas pernas quando eu andava. Usava meias pretas que me subiam até as coxas. E mangas compridas, mesmo no mais forte verão do Rio. Eu suava e cheirava mal, privada do meu banho diário e do talco perfumado a alfazema que mamãe me passava. Nós todas cheirávamos mal.

Também não me acostumava com a comida do internato. Mal habituada em casa, minha dieta era arroz com caldinho de feijão, bife, batatas fritas, ovos fritos, farofa. Comia só do que gostasse. No colégio, tive que comer de tudo. Detestava legumes e verduras, principalmente couve e abóbora. E o fígado, que serviam uma vez por semana, me dava vontade de vomitar. Mas era obrigada a comer. Se deixasse comida no prato ou empilhasse o meu sob os das vizinhas de mesa, numa tentativa de esconder, amassando bem os restos indesejáveis, na refeição seguinte ficava de castigo. Comia de pé no meio do refeitório. Eu não podia me arriscar a sofrer humilhações desse tipo.

Outra coisa que muito me atormentava era o temor de fazer xixi na cama. Quem o fizesse era obrigada a carregar sobre os ombros o lençol, dobrado e preso por alfinetes, durante todo o dia. Como um manto ignominioso, ostentando a mancha, para que todas as outras meninas a vissem e ridicularizassem a maria-mijona. A alternativa, levantar no meio da noite para ir ao banheiro, era, para mim, um suplício igualmente insuportável. No meio do dormitório havia uma estátua, tamanho natural, de Cristo ressuscitado, vestido de branco, com um coração sangrento saltando-lhe do peito rasgado. À noite, todas as luzes eram apagadas com exceção de uma lâmpada votiva dentro de um vidro verde, aos pés da imagem. Para ir ao banheiro eu tinha que passar por ela. A luz colocada aos seus pés dava-lhe reflexos na barba, nas sobrancelhas, deformava-lhe o rosto e emprestava-lhe um aspecto demoníaco. As sobrancelhas se alongavam testa acima e os olhos se escondiam, sinistros, no fundo das órbitas. O rosto todo se esverdeava num colorido de além-túmulo. Seus braços abertos pareciam prontos para me agarrar. Muitas noites não consegui pegar no sono, me segurando, dividida entre o medo de passar pelo Cristo para ir ao banheiro e o medo de fazer xixi na cama.

Eu sempre fora preguiçosa para levantar de manhã. Em casa era papai quem me vinha despertar. Ficava remanchando, manhosa, meio rindo, meio resmungando, reagindo à cantiga dele: alevanta o pé, olha o toco no caminho. Que ele repetia e repetia sem ligar para as minhas ranhetices, até me ver fora da cama. Para, papai, que chato! No fundo eu bem que gostava. Sentia falta, quando ele não estava em casa, daquele seu jeito de me acordar. Acordar tornou-se muito mais rápido e muito mais chato com o susto que todas as manhãs nos dava a sineta da Madre Paula. Acho que até o Cristo de branco, que abria os braços no meio do dormitório, se enchia com aquela campainha. A cara dele, que à noite era lívida e assustadora, de manhã, com as sobrancelhas que desciam, como os cantos da boca, voltando ao lugar, parecia de tremendo enjoo e aborrecimento. A nossa também.

Tentava comportar-me o melhor possível para não perder as preciosas saídas. Meu pai era sempre o primeiro a chegar, no final da missa, quando ainda estávamos na capela. Mal engolia o café e ficava ansiosa esperando chamarem alto o meu nome para me despejar escadas abaixo e cair nos braços dele.

Meu pai foi a grande paixão da minha infância. Também, era ele quem fazia com que me sentisse a pessoa mais importante desse mundo. Tratava-me com muito amor e admiração, o que não o impedia de exigir de mim sempre mais do que as minhas limitações de idade permitiam. Cedo me ensinou a ler e a escrever, na pretensão de plantar em mim, se não a semente de uma escritora, pelo menos o gosto pela literatura. Desde as minhas mais perdidas memórias é a figura do meu pai que se salienta e se define.

Era um homem alto, forte, meio careca. Distribuía os ralos cabelos sobre o crânio, tentando dissimular a lisura rosada de sua cabeça. Usava chapéu sempre que saía e, quando fardado, o quépi. Usava óculos de aros de ouro. Seus olhos claros ficavam ainda maiores através das lentes. Embora já não fosse muito jovem, era atlético e desempenado. Comparava-o aos pais das outras meninas e orgulhava-me dele. Fardado, parecia ainda mais alto e imponente.

Ao meu pai aconteciam coisas espantosas. Todos chamavam-no de Capitão, Seu Capitão. Depois de um grande almoço que houve lá em casa, a que vieram todos os tios, o nome dele mudou, passou a ser Major. Os pais das outras meninas continuavam com os mesmos nomes, Dr. Cleto, Seu Alfredo, Professor Plemont. Outra coisa que eu não compreendia era como ele podia ter conseguido ficar moço outra vez. Numas fotografias antigas que mamãe guardava num envelope e não gostava de mostrar, ele aparecia com uma barba grande, como um velho. Nesses retratos parecia-se ao nosso Imperador, Pedro II, por quem contava ter tido, desde menino, grande admiração. Aliás, esse era outro grande mistério para mim, como é que o Pedro I, que era pai do segundo, podia ser muito mais moço do que o filho. O pai que eu conhecia, embora tivesse menos cabelo do que nesses retratos, tinha rosto liso, sem barbas nem rugas. Suas mãos eram longas, bem tratadas, dedos finos, os indicadores ligeiramente voltados para dentro. No indicador da mão direita usava um anel enorme.

Eu gostava de segurar na mão direita do meu pai. Porque aí estava o grande anel. Uma turquesa alta, rodeada de vinte e um brilhantes, ostentava uma estrelinha solitária, também de brilhantes. Um céu abobadado em que só uma estrela aparecia. Eu me perguntava por que uma estrela num céu claro como se de dia. E àquela eu ligava a magia da primeira estrela da tarde: primeira estrela que eu vejo, dá-me tudo o que desejo. Tinha a certeza de que aquele anel era mágico. De que tudo o que pedisse a ele me seria concedido. Tinha medo de experimentar, embora não duvidasse de seus poderes. Talvez por inibição, por não me achar merecedora como nas orações que eu rezava todos os dias: Senhor, eu não sou digna de vossa graça, mas dizei uma só palavra e a minha alma será salva. Ou, talvez, por não ter nada que me parecesse realmente importante para pedir. E adiava a prova do milagre. Convencera-me de que o anel só deveria ser invocado em circunstâncias muito especiais. Não deveria arriscar com um pedido banal, cujo atendimento não pusesse à prova sua eficácia, minha confiança nos poderes mágicos que lhe atribuía. Um dia resolvi experimentar. Agarrada na mão direita do meu pai, disfarçadamente, girei o anel no dedo dele. Pedi, de olhos fechados, concentrada, com todo o fervor e emoção, que o anel me fizesse sair do internato. Não queria mais dormir sozinha, comer do que detestava, viver sem rir, sem falar, esnobada pelas colegas mais velhas do que eu, fazendo retiros e penitências, indo à missa diária às seis da manhã, chorando baixinho na cama, antes de dormir de cansaço e de tristeza. Queria viver de novo na minha casa. Tinha saudades até dos cascudos de mamãe.

Pouco tempo depois foi atendido o meu desejo. Morreu minha avó. E foi o grande benefício que ela me fez. Papai veio me buscar no meio da semana. No caminho para casa me explicou que ela adoecera e estava muito mal. Quando chegamos, levei um grande susto. Encontrei vovó deitada num caixão enorme, de madeira envernizada e alças de cobre, colocado entre grandes velas, mais altas do que eu, sobre a mesa da nossa sala de jantar. Mamãe chorava. Meus tios choravam. Vi, pela primeira vez, a face grave da morte. Como todos chorassem, chorei também. Depois fui para o jardim brincar com os primos.

E para que minha mãe não ficasse sozinha em casa depois disso, fiquei com ela semanas, meses, até o fim do ano letivo. Mas tive muito medo do anel, de como tinha atendido ao meu pedido de forma tão violenta. E tão eficaz.

No ano seguinte recomeçou a dureza. Voltei ao internato. Todas as segundas-feiras íamos, meu pai e eu, de bonde, da Muda para o Alto da Boa Vista, para a minha gaiola de ouro, onde éramos preparadas para sermos mães de família de caráter irreprochável, como prescrevia o estatuto. Desta vez, a certeza da irrevogabilidade da decisão de meus pais foi-me acomodando. Comecei a procurar me habituar às regras e às exigências das freiras e a viver como as outras meninas. As saídas passaram a ser dominicais. As botinas foram substituídas por pesados sapatos, os tanques-colegiais. Submetia-me docilmente à disciplina. Na falta de coisa melhor para fazer estudava muito, por curiosidade, mais para me distrair do que mesmo por aplicação. Era a primeira da turma. Sentia-me, no entanto, cada vez mais isolada, afastada de minhas colegas que me apelidavam de Anjinho. Achavam-me muito inocente. A minha turma era de meninas mais velhas do que eu. Entre crianças de onze, doze anos, uma de oito é um estorvo. Para elas já era a época da descoberta dos palavrões, das piadas, dos nomes cabalísticos e excitantes do sexo. Tudo o que diziam era, para mim, espantoso e novo, e eu nunca tinha nada para contar que elas já não soubessem, nada a acrescentar ao que conheciam. Logo fui excluída dos grupinhos. Não sabia, quando me perguntavam, às gargalhadas, o que era ser moça. Nem como se namorava. Um dia me mostraram uns pelinhos crespos escondidos num papel dobrado, morrendo de rir porque eu não sabia de onde tinham sido cortados. Eu fingia, então, ser instruída sobre esses assuntos que as empolgavam, mas superior aos seus debiques. Mas me sabia tola e me sentia solitária. Minha infelicidade aumentou com a descoberta da minha miopia. Além de gorda e feia ainda tive que usar óculos. O quadro negro só me transmitia suas mensagens se eu chegasse a dois palmos dele. Professoras e alunas reclamavam porque isso me fazia levantar a toda hora, perturbando a ordem da classe. Outros apelidos surgiram. Vidraça. Caixa d'óculos. Com os óculos comecei a ver o mundo com a nitidez até então negada aos meus olhos míopes. Os contornos se definiram e, com os contornos, salientaram-se as arestas.

Num desses domingos de saída, levei um grande susto. Íamos para casa. De repente, aquela gritaria, freadas bruscas. Todo mundo de pé dentro do bonde.

Pega! Pega! Foi ele quem matou, corre, pega!

Nunca havia me ocorrido que as pessoas se matassem. Havia visto a vovó morta, mas pensara que ela morrera simplesmente porque estava velha. Fazia sentido. Não havia violência. Ela já não se interessava por coisa alguma. Dissociada da vida que nós vivíamos, não fazia senão pedir a Deus que a levasse logo. O ar tranquilo da sua morte não me amedrontara. Parecia estar dormindo. Seu desejo finalmente realizado. Mas aquele homem estirado na calçada, cortado a navalha, com o sangue escorrendo grosso pela cara, aquilo eu jamais pensara existir. O que diria a Madre Paula? Não matar era um dos mandamentos. Óbvio, claro e sucinto. Não matar. E como é que as pessoas matavam? Matar era pecado mortal. Da mesma forma como não ir à missa aos domingos? Mas o mesmo pecado mortal? Depois, quando se confessassem, os que matavam, o padre Miguelinho ia mandar beijar o chão da capela? Como mandara a Cidinha? A Cidinha era predestinada ao inferno por ter beijado a boca do namorado. E quem matava, assim feio, de propósito, deixando o morto com os olhos esbugalhados, fazendo todo mundo gritar, era ainda o mesmo pecado mortal? Saltamos do bonde e fomos a pé o resto do caminho. Minha mão trêmula, suando frio, na mão quente do meu pai. Eu estava muito agitada. Queria chorar, mas não conseguia. Comecei a perguntar por que seria, por quê? Ninguém devia matar os outros, nunca, nunca. Papai também estava aflito. Eu não parava de falar. Se soubesse quem foi, eu ia contar, ia dizer à polícia. Como podia alguém matar outra pessoa? Deviam prender. Condenar. A Madre disse que era pecado, pecado mortal. Ninguém podia matar ninguém. Tinha que haver castigo.

Papai me perguntou: e se fosse eu, se você soubesse que seu pai tinha matado uma pessoa, você também ia contar, ia castigar? Disse-lhe que sim, claro, primeiro o dever, primeiro a justiça. E se mesmo o meu pai cometesse um pecado desses e eu soubesse, minha obrigação era contar. Foi assim que eu aprendi. Não podia esconder. Não podia mentir. Muito sério, ele concordou: é isso mesmo, minha filha, primeiro a justiça.

A morte daquele homem foi assunto para o domingo e para a semana seguinte. Afinal, não é todos os dias que se vê de perto um homem assassinado.

Durante o meu curso primário tive sarampo, catapora e operei as amígdalas. Era ótimo ficar doente para poder passar uns dias em casa. Mas cada oportunidade dessas era a única em muitos meses, senão em anos de saúde.

Uma manhã, durante a missa, comecei a me sentir mal. Cansada, com os rins doendo, a barriga doendo, meio tonta, nauseada. Sentei-me fora da hora permitida na capela. A freira veio zangada me mandar ajoelhar outra vez. E quando a fila se deslocou da capela para o refeitório, houve um pequeno escândalo atrás de mim. As meninas cochichavam. Eu me sentia muito mal para lhes prestar atenção. Como se uma bola tivesse se dissolvido dentro de mim e estivesse escorrendo quente pelas minhas pernas. Fui para a enfermaria. O meu uniforme, no lugar onde eu me sentara, estava sujo de sangue. Eu ainda não tinha onze anos. Anjinho como era, não sabia que isso era ficar moça. A mim me parecia uma doença muito grave, aquele sangue quente saindo sem controle, como nunca tinha me acontecido antes. E toda aquela dor. A madre enfermeira, mais intimidada ainda do que eu, embora não acreditando muito na minha ignorância, mal me explicou como usar a toalhinha higiênica, que eu também não conhecia. E daí em diante todos os meses era aquilo.

Nesse ano a minha vida realmente mudou. De uma forma súbita e contundente.

Começara a guerra. Com o afundamento dos navios brasileiros, a declaração de guerra do Brasil à Alemanha caiu como uma bomba no colégio. Além das lágrimas que chorávamos sem saber bem por quê, e de um certo pânico dentro do colégio, como se as tropas inimigas já estivessem chegando aos nossos portões, a novidade produziu um efeito positivo. Eu conseguira uma amiga, Rosemarie. Era uma alemã alta, a menina mais alta da nossa turma. Usava tranças, claras e grossas, que lhe caíam quase até às coxas, único toque feminino naquele todo anguloso e masculinizado. Com a entrada do nosso país na guerra, ela passou a encarnar o inimigo, a Alemanha feroz e cruel. Bombardeios, mortes, espionagem, tudo o que ainda não entendíamos bem, tomaram a forma e o nome de Rosemarie. Nos recreios passou a ser chamada de Gestapo. Puxavam-lhe as tranças e, por fim, resolveram dar-lhe o gelo. Ninguém mais brincava com ela. Ninguém mais a recebia nos times de vôlei, nas partidas de pingue-pongue, nas rodinhas de conversas. A ela e a mim. A Gestapo e o Anjinho. Trocávamos santinhos, doces e a merenda que levávamos de casa, caprichada, às segundas-feiras. Tínhamos tesouros comuns e segredinhos. Contávamos, em capítulos, uma a outra, os filmes que tínhamos visto no domingo, inventando sempre alguma coisa que os fizesse mais interessantes, mais longos ou excitantes, e nos calávamos se chegava alguém por perto. Não tardou que as freiras achassem suspeita a nossa assiduidade. Depois de algum tempo em que fomos observadas, embora não tivessem certeza de que houvesse algo malicioso naquela exclusividade amistosa, chegaram à conclusão de que aquilo não era bom, nem bem-visto, e acabaria dando em pecado. Separaram-nos. Passamos a ter recreios em turmas diferentes. Fiquei, talvez, mais infeliz do que Rosemarie, cujo único defeito era ser alemã. Como a guerra já estava perdendo a novidade, seu apelido era usado só nas horas das brigas, enquanto eu, ignorante e tímida, continuava a ser o Anjinho. Ainda ensaiamos trocar um cromo, um santinho, tentativas logo frustradas com a perda dos recreios. Acabamos nos conformando com a sorte. Mas eu tinha aprendido com ela a responder, a observar o ponto fraco das outras, a dar apelidos também. Enfrentava discussões que, antes, me assustavam e retrucava às provocações das outras colegas com habilidade. Conseguia deixar embasbacadas, sem troco para as minhas respostas, mesmo as mais hábeis na arte da provocação.

A nossa classe tinha descoberto uma maneira de roubar as "listas" da mesa da madre prefeita e quase ninguém mais perdia a saída. Haviam combinado que, cada dia, a última menina a sair da classe deveria tirar da gaveta um punhado dos papelinhos denunciadores. Picados e cortados, deles não ficava rastro. Para não dar na vista, as meninas combinaram irem-se alternando na execução do roubo. Todas teriam que participar, mesmo quem não estivesse ameaçada. Quando chegou a minha vez, eu me neguei. Foi um espanto geral. Eu era a primeira a discordar do plano.

Tem que tirar.

Meus argumentos de que não tinha notas baixas e de que me esforçava para não perder a saída não foram aceitos. Era a minha vez e pronto. Se eu fosse das que tinham o nome marcado, as outras teriam também que fazê-lo por mim. Não podia, portanto, me esquivar, era falta de coleguismo. Bati pé e a discussão cresceu.

Tem que tirar, tem que tirar, como todo mundo.

Não tiro, não tiro. Ninguém me obriga. Quem quiser que se comporte e se não quiser, que roube as listas. Eu não vou tirar coisa nenhuma.

Algumas já começavam a concordar, a me dar razão. Outras diziam com desdém: não quer tirar, não tira. Não precisa. Besta. Pensa que adianta ser sincera com essas freiras.

Do meio da confusão a voz não veio alta, nem teria sido ouvida se as palavras não fossem tão cortantes, tão desmesuradas: ela não vai tirar mesmo. Ela não presta, igual ao pai dela. O pai dela já matou um homem.

Petrifiquei-me. Apanhada de surpresa, mal consegui alcançar o significado do que dizia. Não se podia inventar uma coisa tão grave. E ainda mais em relação ao pai de uma colega. Quando me refiz do choque e investi contra a menina, ela continuava a frase: é, sim, ele matou um homem! Meu pai conhece ele e sabe da história toda. Filha de assassino!

Fiquei sem saber o que dizer. Todas me olhavam esperando minha reação. Uma negativa, um desmentido. Súbito o medo me dominou. Um pressentimento, e se fosse verdade? Empertiguei-me e respondi: meu pai é soldado. Soldado tem obrigação de matar, quando há uma guerra, ou quando é preciso.

A freira chegara sem que ninguém se apercebesse. Eu fora a última a falar e a roda era à minha volta. À emoção da briga seguiu-se o susto pelo inevitável castigo.

O que era isso? Que aglomeração era aquela? Por que a briga?

Neguei-me a explicar. Ninguém quis, tampouco, se aprofundar em esclarecimentos que, fatalmente, iriam revelar, na origem da discussão, o roubo das malfadadas listas.

A campainha chamou para o almoço e fomos todas para a fila. Apanhada de surpresa, não conseguia entender o que havia acontecido. Se a menina inventara uma coisa dessas, tinha ido longe demais. Nossas implicâncias mútuas sempre haviam se restringido ao âmbito pessoal, nunca se metia pai e mãe no meio. Eram sagrados. Se se atrevera a dizer uma coisa tão grave, devia realmente saber de alguma coisa que eu não sabia. Alguma verdade haveria no que ela soltara na hora da raiva. Era demasiado agressivo para ter sido inventado.

Um mistério surgiu e começou a pesar sobre a minha cabeça. A resposta de que meu pai era militar e de que os soldados existem para matar, são treinados para isso, não fora convincente. Eu reconhecia que, ao procurar uma justificativa para a acusação dela, admitira sua veracidade. Quando o que deveria ter feito era repudiar de imediato a acusação. Tal fora sua convicção, no entanto, tal sua firmeza, seu ar de triunfo, de quem sabe o que está dizendo, que não achei suporte para o meu descrédito. Vi-me jogada para além de qualquer empenho de defesa. Ela ferira mais fundo do que a minha provocação merecera. Não com um simples apelido, ou uma xingação, ditos com ar de desprezo. Intimamente eu intuía que aquilo que ela dissera não podia ser uma improvisação. Um de nossos desafios diários. Ela conhecia coisas sobre o meu pai que eu, definitivamente, ignorava.

Não tive coragem de interrogá-la. Algumas meninas me olhavam com pena; outras, como se dissessem: bem-feito, quem manda estar sempre comprando brigas. Eu repetia para mim mesma o que ela dissera. Meu pai não prestava porque tinha matado um homem. Donde, eu também não prestava. Como é que ela sabia disso? Quem poderia ser esse homem? Algum ladrão? Outro soldado? Por que teria ele matado alguém? E mais do que a dúvida, do que o choque da descoberta, doía-me o ter sabido disso assim. Se era verdade, como já começara a me parecer, o meu pai não tinha o direito de ter-me ocultado isso. Claro, deveria ter-me dito. Como é que ele me deixara entrar nesse colégio, onde todas deviam conhecer a história dele, sem me dizer nada? Como é que tinha me deixado na ignorância de fatos tão graves que lhe diziam respeito e que podiam ser lançados como bofetadas à minha cara, sem previamente me preparar para que eu pudesse me defender ou defendê-lo? Nessa semana não consegui dormir, ou comer, ou brincar, ou estudar direito. Não prestava atenção às aulas. A figura do meu pai se sobrepunha à das minhas professoras. E os olhos duros da menina, como a me repetir: filha de assassino!, me perseguiam, embora não tivéssemos voltado a nos falar.

Eu não estava preparada para aquele choque. Sentia-me profundamente atingida.

O domingo que se seguiu foi o meu primeiro domingo sem saída. E o último.

Nossas carteiras tinham uma tampa móvel, que abria para cima. Na parte de dentro da minha, eu havia colado os retratos do meu pai. Havia um grande, de que eu gostava muito, onde dava para ver bem seus olhos claros e enérgicos, sombreados pelos óculos. Eu fixava os meus olhos nos do retrato e não podia acreditar que aquele olhar firme e austero pudesse ser o de quem tivesse matado alguém. As cartas que me escrevia, nas suas ausências, sistematicamente pontilhadas de regras estritas de comportamento, de exigências morais, de incitamento à honestidade, à virtude, não podiam ser escritas por alguém que tivesse cometido um crime. Enchia-me de revolta e de ódio contra a menina que me fizera a maldade de inventar uma coisa dessas só para me desmoralizar. Como é que as outras poderiam ser convencidas de que ela mentira? Se eu não conseguia extirpar de dentro de mim mesma a dúvida que a afirmação dela, fria e incisiva, me criara?

Naquele domingo, quando vi meu pai entrar na capela, desejei que ele não tivesse vindo. Senti o movimento das cabeças mais próximas que se viraram quando ele entrou. Um calor subiu ao meu rosto. Queria que ele fosse pequeno, que sumisse, se tornasse invisível. Um aperto no peito me anunciava novos sentimentos em relação a ele, vergonha, dúvida, ansiedade. Depois da missa, encontrei-o no parlatório, acabrunhado, como se eu é que tivesse cometido um crime. Pediu-me explicações sobre o que tinha acontecido. A razão do meu mau comportamento. Não pude dar. Faltou-me coragem para contar-lhe o que havia se passado, o que fervia dentro de mim. Parecia-me tão óbvio, agora que ele estava ali, que ele não matara, jamais, ninguém. Tinha vergonha de mim. Como podia ter duvidado, mesmo por um momento? Por que não o defendera logo, reagindo de pronto à acusação? Ter-lhe arranjado uma justificativa na sua condição de militar era atribuir-lhe uma possibilidade de culpa. Eu admitira verdadeiro o que a menina dissera. Como confessar-lhe, então, que lhe falhara? E, se o pior fosse mesmo verdade, como perguntar-lhe: papai, é verdade?

Enquanto ele me exigia explicações, eu olhava obstinadamente para um quadro na parede, com uma quantidade de retratinhos redondos, as caras tristonhas das primeiras alunas de cada classe. Ocupava-me em tentar encontrar o meu. Durante sete anos ele ali estaria, cada ano mais sério e mais compenetrado.

Tinha vontade de morrer. Depois de duas ou três sondagens, ante meu teimoso silêncio, calou-se ele também. Ouvi-o vagamente dizer ainda o quanto mamãe ficara triste comigo por havê-la privado da alegria de me ver no domingo. E ainda mais por mau comportamento. Entregou-me o embrulho caprichado, com um bolo que ela fizera para me mandar. E as frutas, para eu comer durante a semana. Eu estava louca para ouvir a campainha finalizando a visita. Mal me despedi dele. Saí correndo.

Emendada na anterior, a semana parecia interminável. As meninas cochichavam entre si pelos recreios, quando me viam. Umas se chegavam, querendo me dar apoio. As freiras me observavam. Eu me voltava cada vez mais para dentro de mim mesma. A dúvida latejava na minha cabeça como uma infecção. E o remorso por haver duvidado do meu pai se alternava com ela, ambos terríveis, na espera do sono.

Com o tempo, como se houvesse sido combinado, ninguém mais tocou no assunto. A acusadora passou a me tratar com cuidado. Parecia querer aproximar-se, mas eu fazia questão de evitá-la. Tentava esquecer a frase, que voltava e voltava. Aos poucos, de tanto repensá-la, comecei a acreditar nela. Comecei a ter vontade de descobrir, de saber o resto. De saber a história toda, como o pai dela sabia. Por que nunca me haviam dito nada, nem mamãe, nem as tias, nem minha madrinha, nenhuma das personagens da minha infância? E, mais que todas elas, meu pai, por que escondia de mim alguma coisa de tão grave que lhe tinha acontecido?

Os domingos sempre me haviam parecido bem mais curtos do que os dias da semana. Agora demoravam a passar. Nada mudara na rotina da minha casa. Era dentro de mim a mudança. Embora não tivesse comentado com ninguém sobre a frase que ouvira, vivia conversando comigo mesma, com ela entalada como um osso na garganta. Repetia-a frequentemente, automaticamente, como se não a entendesse. Como se fosse noutra língua, desconhecida. Ou como nas ladainhas. Seu pai matou um homem. *Ora pro nobis.* Como o seu pai, você não presta. *Ora pro nobis.* Filha de assassino. *Ora pro nobis.*

Em casa se instalara um angustioso embaraço. Eu não conseguia formular as perguntas que tanto queria fazer. Olhava para o meu pai querendo que ele adivinhasse meus pensamentos, mas não conseguia articular as frases todas que o meu cérebro engavetava de novo. Frente a ele, parecia-me sem sombra de dúvida que a menina mentira. Como poderia ele ter matado quem quer que fosse, ele tão doce e paciente, que cuidava das rosas e dos canários, que não matava nem as formigas no jardim? Claro que eu iria ofendê-lo, magoá-

-lo, se lhe perguntasse qualquer coisa sobre o assunto que me atormentava. Mesmo a dúvida já me parecia ofensiva. No entanto, a suspeita de que alguma coisa estranha existia na minha casa não me deixava mais. Algum segredo. Alguma maldição.

Quando chegaram as férias, eu já sabia que jamais me atreveria a fazer qualquer indagação abertamente aos meus pais. Minha preocupação com o assunto foi também deixando de ser tão aguda. Ia para casa, teria três meses para encontrar uma oportunidade que me permitisse descobrir alguma coisa. Por outro lado, estaria livre da pressão do olhar incômodo da acusadora do meu pai e do olhar indagador das outras.

Esta menina anda esquisita, aérea. Acorda, menina!

Era mamãe que reclamava. A colher na boca fechada, esquecia-me de continuar a tomar a sopa, observando meu pai, do outro lado da mesa. Eu olhava para o rosto dele, o rosto que eu tinha sempre à minha frente durante as refeições. Analisava-o. A testa, sem rugas, acentuada pela calvície. O nariz reto, ligeiramente arrebitado. Os óculos bifocais. A boca carnuda e bem-feita. Os dentes perfeitos. Orgulhava-se de que jamais haviam sido tocados por dentista. O queixo voluntarioso, vincado no meio. A mão do anelão subia e descia levando o garfo à boca. Ele não mastigava vinte e seis vezes, como dizia que eu devia fazer para bem digerir. Fiquei contando. Ele também engolia quase sem mastigar. Dizia que eu não fizesse bolinhas de pão, que não brincasse com os talheres e lá estava ele enrolando miolo de pão entre os dedos, fazendo com a ponta do garfo feixes de paralelas na toalha. Então ele não fazia aquilo que dizia que devia ser feito.

Comecei a observar, a registrar, a recordar olhares, gestos, acontecimentos. Comecei a rondar minha mãe, quando conversava com minhas tias. Comecei a perceber que mamãe chorava muito, por qualquer motivo. Levava horas deitada, com um lenço empapado de lágrimas cobrindo-lhe o rosto. Punha o braço dobrado por cima da testa, como se com isso se sentisse duplamente escondida. Seu pé se sacudia em movimentos rápidos, balançando freneticamente, o que me assegurava que ela não dormia. Eu chegava perto de mansinho para ela não me ouvir. Ficava ali, ao lado da cama, olhando-a, querendo fazer-lhe um carinho. Parecia tão desamparada. Mas tinha medo de seus rompantes. Quando me pegava observando-a gritava comigo, feito criança: que é que está me olhando, nunca me viu? Vá para junto do seu pai!

Eu queria lhe perguntar, nessas horas, se ela estava chorando porque ele tinha matado um homem. Também não conseguia dizer nada.

Descia as escadas sem fazer ruído e ia rondar o meu pai. Ele ficava no seu escritório cheio de livros e de papéis. Ficava aí sentado horas, por trás da secretária, um desses móveis ingleses, com dois corpos de gavetas laterais, que ele trazia sempre fechadas a chave. Percebi que os olhos dele, além de grandes, às vezes ficavam parados, aquosos, fixos num ponto, como se não tivessem pálpebras, sem piscar. Pareciam colados nas lentes dos óculos bifocais. Eram como olhos de peixe, arregalados, perplexos e inexpressivos.

Passei a fingir ter sono cedo para poder ficar sozinha. Deitada, custava a dormir, imaginando cenas cinematográficas em que meu pai aparecia matando um homem encapuchado, ora atravessando-o com sua espada, ora dando-lhe muitos tiros de revólver.

Mais ou menos nessa época, papai adoeceu gravemente. Teve um enfarte do miocárdio, do qual, gostava de contar, ressuscitara por verdadeiro milagre. Qualquer médico que tivesse examinado seus eletrocardiogramas diria serem, certamente, de alguém que já estava morto. E ele se regozijava com essa peça que pregara na morte, de cujo encontro conseguira escapar.

Eu sabia, de conversas que ouvira, que papai havia sido casado antes, embora não se falasse nisso abertamente lá em casa. A enfermidade dele levou meus meio-irmãos a visitá-lo. Eram muito mais velhos do que eu, alguns com filhos da minha idade. O meu impulso foi o de aproximar-me deles, curiosa e encantada com aquela família desconhecida que, de repente, aparecia. Mas a frieza deles para comigo castrou logo meus enternecidos impulsos fraternos. Ficava inibida quando vinham. Mamãe, também, rispidamente me proibia de incomodá-los enquanto conversavam com papai. Descobri que tinha um sobrinho, pouco menor do que eu e uma sobrinha da minha idade, com quem troquei olhares de interessada simpatia. Mas não nos deixaram brincar juntas.

Eram cinco os meus irmãos. Judith, morena, de olhos e cabelos bem escuros, riso sedutor, vestia-se bem, elegante. Casou-se no ano em que nasci. Papai viera do Paraná para assistir ao casamento no Rio. Numa carta que então escreve a mamãe pede-lhe que envie dinheiro para o enxoval e para a festa de casamento. Diz-se preocupado conosco, por ter tido que deixar-nos sós no Paraná. Preocupado também com os ciúmes que mamãe certamente teria. A outra irmã, Laura, não sei se chegou a visitar papai lá em casa. Talvez tenha ido enquanto eu estivesse no colégio. Ele me mostrava, às escondidas de mamãe, um retrato de Laura quando mocinha. Loura, olhos muito claros, cabeleira solta, longa e ondeada, parecia-se com papai. Duas mulheres totalmente diferentes e bonitas cada uma no seu gênero. Papai me achava parecida com a Laura. Comungávamos o molde do mesmo pai.

A partir da época da doença de papai, meus dois irmãos, o mais velho e o mais moço, começaram a aparecer lá em casa. Almoçavam conosco. O mais moço era o pai do sobrinho pouco menor do que eu. Trazia-o, às vezes, para brincar comigo. Tanta era a minha vontade de agradar, que dei ao menino a minha patinete.

Havia um outro irmão, dentista, a quem não conheci, embora ouvisse mamãe comentar com tia Lydinha sua visita.

Quem teria sido a mãe dos meus irmãos? Por que me afastavam tanto deles? Onde viveriam?

Tudo isso eram estranhezas para mim sem explicações. Em nada ajudavam a esclarecer o meu segredo. Pelo contrário, ele se ia engrossando, pesado e complexo.

Da mesma forma como haviam surgido, inopinadamente, os meus irmãos desapareceram da minha vida por muitos anos.

O Natal esse ano foi triste. Mamãe chorou muito, o dia todo. Aliás, só então eu percebia que, nos dias de festa, quando devíamos estar felizes, mamãe chorava. Apesar da árvore de Natal, dos mil presentes que ela amorosamente escolhia e embrulhava, da fartura da mesa, do peru assado, dos fios de ovos, do champanhe à meia-noite, em vez de estar contente ela chorava. Arrumava a mesa com a melhor toalha, a de flores coloridas bordadas na barra. Ressuscitava a melhor louça, uns pratos de porcelana branca com estampas azuis de castelos ingleses. As taças de cristal lapidado só nesses dias saíam da cristaleira para se perfilarem, esguias, depois de bem lavadas, na bandeja, à espera do estouro do champanhe. Mas, nessa hora de festejar, era quando mamãe ficava mais triste e nervosa. Alegando cansaço, queixando-se do trabalho que lhe dera, durante dias seguidos, preparar ela mesma todas aquelas iguarias, brigava com as empregadas e ralhava comigo sem motivo, apesar de eu ter tomado o maior cuidado para não lhe dar razão de desgosto. E fechava-se no quarto para chorar. Minha tia Lydinha, que estava sempre conosco, subia, conversava com ela durante muito tempo.

Depois descia e muito tempo também levava conversando com papai no gabinete dele. Papai sentava-se, então, ao lado da mesa engalanada e, lenta, maquinalmente, ia partindo as nozes, as amêndoas, as avelãs, pondo-as no boca, mastigando sem parar. Beliscava aqui e ali uma tâmara, umas passas, um figo. Depois, no prato inglês com o castelinho no fundo, servia-se de farofa, de peito de peru, de presunto com fios de ovos. Tentava um arremedo de normalidade. Mas, apesar de sua gula e de insistir com minha tia e comigo para acompanhá-lo, dava para sentir que estava triste e que só esperava a primeira oportunidade para subir e tentar convencer mamãe a descer e gozar conosco aquela noite que deveria ser de alegria. Engraçado que só nesse ano eu percebesse tudo isso.

Nessas férias, outras vezes, mesmo sem ser nos dias de festa, essas coisas se repetiram.

Meus pais brigavam muito. Segundo me contou minha tia Mag, tinham um ciúme incontrolável um do outro. Meu pai, quando saía colocava palitos, ou fósforos, no parapeito das janelas para, na volta, encontrando-os ou não, no local onde os deixara, se certificar se mamãe as tinha aberto. Em suas cartas há também insinuações e comentários que denunciam seus ciúmes. Solta no Rio, longe dele, não a queria me acompanhando a passeios, a cinemas. Na verdade, preferia que ela não saísse nunca sem ele. O mesmo sentimento torturava mamãe. Atribuía a papai um interesse doentio e indiscriminado por todas as mulheres. Desconfiava dele com minhas colegas, com as mulheres dos amigos e, principalmente, com todas aquelas que papai forçosamente teria conhecido quando longe dela, nas suas muitas ausências. Implicava até com as empregadas, mesmo as feias. Eu também não escapava aos seus ciúmes. Meu pai, por natureza extremamente afetuoso, não perdia ocasião para me patentear seu carinho. Se, andando pela casa, ou descendo uma escada, nos cruzávamos no caminho, alisava-me a cabeça, dava-me um beijo. O que fazia mamãe perguntar, com ironia, se estávamos nos despedindo, se já íamos viajar. Mamãe, ao contrário dele, era uma pessoa seca, embora generosa comigo e com os outros. Comprava-me sempre presentes caros e procurava dar-me tudo o que eu pudesse desejar. Sua maneira, talvez, de me compensar pela dificuldade em externar seu amor por mim. Não percebia, mas sistematicamente limpava com a mão os beijos que eu lhe dava, mesmo quando me vigiava e procurava secar bem a boca, para não lhe dar beijos babados. Cuidava-me extremosamente em todas as minhas doenças, mas não lembro de me haver jamais feito um carinho. Ou de jamais haver manifestado alegria com os meus sucessos.

Se eu fosse jogar xadrez com papai (ele tinha começado a me ensinar. Para seu desgosto eu não me concentrava como devia), mamãe ficava sem falar comigo. Se eu subisse e me sentasse a ouvir as novelas do rádio com ela, era papai quem se queixava por eu tê-lo deixado sozinho.

Fossem quais fossem as razões, a verdade é que meus pais brigavam muito. Eu tinha medo de que me surpreendessem a ouvir o que diziam quando estavam zangados, apesar da vontade de descobrir alguma pista, alguma coisa que me esclarecesse sobre o segredo deles.

Meu comportamento mudara. Eu andava mais quieta. Brincava menos com as bonecas. Ficava lendo, pelos cantos, mas atenta a tudo o que acontecia. Telefonemas estranhos levavam meu pai a responder do seu gabinete, de portas fechadas. Visitas entravam e saíam sem que papai permitisse que eu as visse. Percebi que, todas as vezes em que eu entrava em seu escritório, ele ia fechando, disfarçadamente, as gavetas abertas da sua mesa, como se o segredo morasse lá dentro. Ele lia muito. Escrevia muito. Consultava pastas, livros, documentos. Era quase maníaco na manutenção da ordem de seus objetos. Não se podia tirar nada do lugar em que deixava. Seus lápis tinham sempre pontas finas e perfeitas, uma grande tentação para mim, que nunca fazia a ponta dos meus.

Mamãe caprichava na cozinha. Vivia fazendo seus pratos e doces preferidos. Ao contrário dela, afogueada e queixosa, ele parecia estar sempre calmo, com um ar de gozadora ternura que, muitas vezes, a punha irritada. Ele gostava de brincar comigo, inventando adivinhações e historinhas. Tinha delas um enorme repertório que muito me divertia. Quando ele e mamãe estavam bem, jogavam gamão depois do jantar. Do meu quarto, eu ouvia com prazer o barulho das peças que batiam com força na madeira do tabuleiro. Sentia-me segura, reconfortada com o ruído que faziam e com as risadas que davam. Sabia quando ele ganhava porque dizia sempre: conheceu, papuda! Ao que mamãe respondia chamando-o de convencido. Nessas noites de convivência amena eu adormecia logo, aconchegada nas vozes deles.

Papai gostava muito de óperas e de operetas, de valsas e de canções napolitanas. Ouvia os discos de Beniamino Gigli, de Caruso. Não perdia os filmes românticos da dupla Nelson Eddy e Jeanette Mac Donald.

Nascido em 1888, sua mocidade coincidira com o começo do século, quando as valsas estavam na moda. Quando os oficiais de cavalaria eram "garbosos", envergavam vistosos uniformes e desfilavam ao som das marchas e dobrados das

O PAI

bandas militares. Quando moleques marchavam atrás dos soldados nos ensaios para o desfile do Sete de Setembro. Na família, meu avô e meus tios-avós haviam sido militares. Seu tio e padrinho, José Pacheco de Assis, participou da campanha de Canudos e é citado por Euclides da Cunha n'*Os Sertões*.

Eu tocava piano e ele gostava de ouvir. Dizia-me que, quando moço, dançara muito bem. Tinha uma predileção especial pelas valsas e, dentre elas, pela da *Viúva Alegre*. E mamãe odiava a *Viúva Alegre*.

Um dia ele e mamãe saíram. Ela ia ao médico. Trocava sempre de médicos porque eles não conseguiam diagnosticar que doença era a sua. Diziam que seu problema era todo proveniente do sistema nervoso. Zangava-se ela, chamava-os de burros e passava a outro consultório. Quando meus pais saíam juntos, o que acontecia muito raramente, eu gostava de explorar o quarto deles, de mexer nas gavetas de minha mãe, de passar seu batom, de bisbilhotar nos seus guardados, para mim proibidos quando ela estava por perto. Estirar-me na cama de casal, uma cama grande e fresca, rolando para lá e para cá sobre a colcha estampada sempre bem esticada, era outro prazer interditado. Nesse dia, quando vi a baratinha Chrysler, com eles dentro, dobrar a esquina, corri para o quarto, ainda recendendo ao perfume de mamãe. Atirei-me na cama, como se desse um mergulho, afundando no colchão de molas e repuxando a colcha toda. Caí em cima de um molho de chaves que, esparramado, aí ficara esquecido. Uma argola de ouro prendia o leque desigual de dez ou doze chaves de vários formatos. A preta, do portão, as Yale, achatadas e polidas, das duas portas da entrada e várias outras menores. Tantas chaves de onde seriam? Deitada de bruços, fiquei brincando com elas, balançando-as como um pêndulo. Reconheci-as, no mesmo ritmo, pendendo da gaveta da secretária. Eram as chaves do papai. Uma delas era a da gaveta grande, a do meio, que abria ou trancava todas as outras. Aquela secretária vivia fechada. Ninguém podia mexer nela, nem mesmo para limpar. Se era eu que me aproximava, papai, pausadamente, como quem não quer nada, ia empurrando as gavetas para dentro, como se, acabado o trabalho, fosse o momento de cerrá-las. Fazia um calor enorme nessa tarde. Levantei-me e fui descendo devagar as escadas, sentindo o prazer de cada degrau, mais frio, nos meus pés descalços. Saí pela cozinha, que a Benedita estava acabando de lavar. Dei volta à casa, pela calçadinha de cimento. A janela do gabinete do papai estava aberta. A cortina branca, escorrida, não se mexia. Eu gostava quando tinha vento e ela ficava inchando, ora aqui, ora ali, como se alguém estivesse brincando de esconder atrás dela. O parapeito não era muito alto. Apoiei os braços no mármore, fresquinho, gostoso na pele. Dei um impulso e subi na janela. O joelho raspou com força no pó de pedra da parede e ficou ardendo. O sangue começou a aparecer em gotinhas minúsculas sob o esfolado. Passei um pouco de cuspe na palma da mão e esfreguei a ferida de leve. Detestava me machucar. Deixava de brincar, de jogar vôlei, de apostar corrida, de andar de bicicleta, só para não me arriscar a cair, levar boladas, quebrar os óculos. Mesmo assim, vivia me machucando. Mamãe sempre me chamava de desastrada porque eu vivia batendo nas pontas de mesa ou cortando os dedos por qualquer bobagem. Tinha que pedir mercúrio-cromo a Benedita. Ela iria brigar comigo se me visse querendo passar outra vez pela cozinha molhada para buscá-lo

O PAI

no banheiro. Pulei para dentro do gabinete, com as chaves na mão. O silêncio da casa tornava mais aguda a voz da Benedita cantando, com todas as forças, aproveitando-se da ausência de Mamãe. Esqueci-me do joelho, do machucado, e engatinhando, sem mesmo me pôr de pé, hipnotizada pelo olho brilhante da fechadura, arrastei-me até a secretária. Depois de experimentar duas ou três chaves, uma delas girou e, maciamente, a gaveta se ofereceu, escancarada, aos meus olhos. Lápis, borrachas, esquadros, um maço de cartas presas por um grampo, sobre as quais um grande R vermelho confirmava terem sido respondidas. Tudo arrumado. A secretária era enorme, com dois corpos laterais de cinco gavetas cada um. No meio, sob o gavetão-mor, um vão para as pernas, onde eu cabia muito bem, sentada no chão. Fiz deslizar mais duas gavetas. Nas pastas azul-claras havia mais cartas e papéis. Friamente, com o cuidado de quem abre uma ferida e não pode tremer a mão, mesmo na pressa, e não pode hesitar, mesmo no erro, abri outra gaveta, remexendo outros papéis. Com a precisão dos médicos ou dos assaltantes. Antes de reconhecer nos recortes dos jornais colados em cada folha de papel daquela pasta grossa e parda a fotografia do meu pai barbudo, parei, atordoada. As letras saltavam do papel amarelado, com a brutalidade de um soco! *O assassino.* Eu li uma, duas, três vezes, não havia engano. Não era o calor. Não era pesadelo. Estava ali, na pasta aberta em cima do tapete – o assassino. E o nome do meu pai. E os retratos do meu pai, aqueles mesmos que mamãe detestava, com a barba grande, parecendo o Pedro II. O meu pai era o assassino.

Não quis ler as letras miúdas da notícia que descia papel abaixo em três colunas. Virei a folha e outro recorte, de outro jornal, repetia também seu retrato, seu nome e, outra vez, a terrível palavra – o assassino. Então era verdade. Mais para o fim da pasta os recortes falavam do julgamento e as letras grandes diziam coisas que não entendia e que gravei, instantaneamente, para procurar depois no dicionário. Absolvido por unanimidade de votos. Absolvido, unanimidade, que seria isso? Sentia uma necessidade de olhar de novo as letras pretas da primeira folha, era quase uma volúpia – o assassino. O assassino. Em todas as notícias, um homem de olhos febris e de grandes bigodes aparecia ao lado dos retratos do meu pai. O homem que o meu pai tinha matado.

Era verdade.

Fechei a pasta rápido, pois a Benedita cessara de cantar e deveria estar à minha procura. Guardei a pasta, com cuidado, na mesma gaveta. O coração me sacudia toda. Acocorada no chão, sentia-me como um sapo, o pescoço e a testa latejando como se fossem explodir. Embora estivesse parada, a sensação que eu tinha era a de que oscilava. Rodei a chave, experimentei as gavetas, se estavam bem fechadas e corri para a janela. Sem me lembrar do joelho, montei no parapeito e escorreguei para fora. Não sei onde andava a Benedita. A cozinha deserta cheirava a sabão. Entrei rápida e despercebida. Fui direto ao quarto deles. Repus as chaves onde as havia encontrado. Procurei a cadeira de balanço e nela, a todo galope, soltei meus pensamentos.

Então era verdade mesmo. Quantas meninas lá no colégio saberiam? E os pais delas? Com certeza comentariam em casa. E mamãe? Será que mamãe também sabia? Claro, tinha que saber. Por isso não gostava daqueles retratos que guardava no envelope. Eram os mesmos que eu vira nos jornais. Ou muito parecidos. Todo mundo sabia, menos eu. Ninguém tinha me contado. Como era possível que o meu pai, tão calmo, tão digno, tão severo, constantemente preocupado com a virtude, a moral, a justiça, tão cuidadoso com tudo e com todos, que vivia fazendo favores e dizendo delicadezas, pudesse ter matado alguém? Por que teria sido? Quem seria o homem que ele matou? Certamente o do retrato ao lado do dele, no recorte do jornal. O homem dos olhos ardentes e grandes bigodes escuros.

Benedita apareceu para me chamar para o lanche e me viu naquela fúria, balançando a cadeira como se a quisesse virar.

– Qui é isso, minina, quando tua mãe sai tu fica quieta, qui é qui ti deu hoji?

– Não chateia, Benedita, – berrei.

O dicionário dizia – absolvido – o que foi julgado inocente ou relevado de pena. Como é que alguém que mata pode ser inocente? A outra palavra eu não entendia, nem a explicação dela no dicionário. Unanimidade – qualidade de unânime; conformidade de voto ou de opinião. Eram palavras ocas, como um poço. Eu olhava para dentro delas e não lhes via o fundo.

Logo mamãe chegou. Vinha sempre muito nervosa quando voltava dos médicos. Eram uns idiotas que não entendiam de nada, dizia entre as lágrimas. Fechava-se no quarto e se punha a chorar por muitas horas. Era inútil qualquer tentativa para acalmá-la. Eu queria consolá-la, tinha vontade de pô-la no colo, de cantar para ela, como papai fazia comigo. Mas nessas ocasiões ela não queria saber de ninguém, nem de mim, nem de papai. Ele ficava no andar de baixo, ouvindo música baixinho, seus trechos de ópera favoritos. Triste, com jeito de quem também precisasse de consolo. O lábio superior quase desaparecendo no de baixo, como criança faz quando vai chorar.

A hora do jantar foi mais silenciosa ainda do que no internato. Será que era eu quem falava sempre? Estavam os dois tão ocupados com seus próprios pensamentos que nem notaram o silêncio. Antes pareciam aliviados por não terem que fazer o esforço de dizer alguma coisa, de terem de ser distraídos de seus ensimesmamentos pelo meu falatório.

Queria perguntar tantas coisas ao meu pai, mas não tinha coragem. E a partir desse momento uma brecha se abriu, profunda, e me afastou dele. Não consegui mais recobrar o meu pai. Todo o amor que eu tinha por ele pesava, como uma vergonha, uma traição. Eu me senti impedida, eu me proibi de continuar a gostar dele. Dele e de mamãe, cúmplices, não da morte desse homem que não me importava tanto, mas cúmplices na sua traição a mim. Por que me esconderam aquelas coisas terríveis que até os jornais tinham publicado? No entanto, eles, logo eles, me haviam deixado entregue às intrigas e maledicências alheias. Por isso me preferiam afastada de casa, metida no internato, para que eu não descobrisse os seus dramas. E, ironicamente, o internato me havia fornecido as informações que eles tanto se preocupavam em me ocultar. Preferia que eles mesmos me houvessem contado tudo, me incluindo na sua cumplicidade trágica. Mas como não me sentia suficientemente ousada para indagar-lhes o que havia acontecido, entrei no seu jogo. Segui fingindo nada saber. Não me passava pela cabeça que eles também pudessem ter para comigo qualquer tipo de inibição, que eles também, por delicadeza ou constrangimento, não tivessem coragem de se desnudar. Levamos anos assim, ocultando um assunto que nos oprimia, evitando-o. Eles acreditando, ou preferindo acreditar, que eu não tinha conhecimento do crime, e eu aceitando as regras que, silenciosamente, nos impuséramos.

Pouco a pouco fui me acostumando com o meu terrível segredo e no final das férias já pensava menos nele. Ao mesmo tempo sentia ir-me desligando da minha casa, dos meus pais. Brincando, papai dizia que eu, muito cedo, entrara na fase sonhadora. Começava a se estabelecer entre mim e o meu pai um mal-estar que a minha atitude de reserva, quando não de pequenas agressões diárias, alimentava cada vez mais. Comecei a fazer pequenas maldades. Queria ferir. Queria manter distância. Queria me vingar não sabia bem do quê. Perguntava-lhe na frente de mamãe por que não deixava crescer a barba, como naqueles retratos antigos, tão bacanas. Ele detestava essa expressão bacana. Dizia que era um termo chão, que não devia estar na boca de uma menina. Com essa frase eu dava uma alfinetada nele e outra em mamãe, que não gostava sequer de ouvir falar no tempo em que ele tinha barbas. Se ele me pedia para tocar piano, eu tocava tudo menos suas músicas favoritas. E quando ele, da poltrona ao lado, pedia: agora aquela de que eu gosto, eu fechava o piano e dizia que estava cansada.

Vi quase com satisfação o fim das férias. A volta ao colégio passou a ser trégua bem-vinda, que os domingos não conseguiam quebrar. Crescia comigo uma cerimônia que me ia afastando, mais cordialmente, da minha infância e do pai da menina que eu fora. Conservava seus retratos pregados sob a tampa da carteira, agora, por achá-los bonitos, não mais pela antiga devoção. Uma atitude crítica impiedosa, embora não manifestada, mantinha-me alerta e intransigente para com qualquer manifestação dele ou de mamãe. Minha calma displicência exterior os impedia de perceber que se achavam sob o fogo constante da minha maldosa observação. Seus próprios atritos, mais frequentes e mais agudos, os distraíam de mim.

Ocupados com os próprios sofrimentos, talvez até achassem mais conveniente a minha secura. Se é que a percebiam. O colégio passou a ser um refúgio. Lá, não precisava esconder meus sentimentos face a meus pais. Não presenciava nada. Nem as discussões por qualquer bobagem, nem as brigas a portas fechadas, nem as lágrimas permanentes de minha mãe, por razões que, às vezes, me pareciam tão insignicantes. Não precisava tomar partido ou ficar, alma penada, entre um e outro, querendo consolar, aflita e impotente. E eles, provavelmente, também prefeririam não mais precisar ocultar-me seus problemas, como quando eu estava em casa, de férias.

No colégio, a mudança se fez sentir. Eu me interiorizava mais ainda. Continuava estudando, muito, furiosamente. Tirava todos os prêmios de excelência. E observava minhas mestras e minhas colegas, dissecando-as até onde podia chegar minha capacidade de rebuscar-lhes cacoetes e fraquezas. Mas também aí não verbalizava minhas observações. Não agredia mais. Além de sentir-me inferiorizada e vulnerável, a filha do assassino, descobri que aquele colégio era um depósito de meninas filhas de pais desajustados, cada qual com sua mazela, seu problema, sua ferida. Éramos todas consequências indesejadas menos de amor que de sofrimento.

A té os quatorze anos fui, como se dizia na época, uma "menina-moça" feia. Gorducha e de óculos. Meus cabelos, em vez das sonhadas tranças, seguiam encrespados artificialmente, permanentemente ondulados. Minha mãe tratava de mantê-los curtos, assim era mais fácil eu cuidar deles no internato. Completavam o meu desgosto com a minha aparência.

Mais uma vez papai havia sido transferido para o Sul, para a cidade do Rio Grande, considerada, desde a entrada do Brasil na guerra, ponto de interesse para a defesa nacional. Era-lhe dado, por primeira vez, um comando de importância, embora o clima da cidade não fosse muito favorável à sua saúde depois do enfarte. Suas designações anteriores deixavam bem clara a intenção de mantê-lo de castigo. Como segundo-tenente, de São João del Rei fora enviado a São Nicolau, no Rio Grande do Sul. O lugarejo, sem água, sem luz, sem esgotos, oferecia ao oficial recém-chegado apenas uma turma de praças, que se dividia entre cortar no mato a madeira necessária à construção de um rancho e preparar o barro para as paredes da habitação que seria a dele e de sua família. Depois o enviaram por quatro anos a Bagé. Cidades da menor importância se sucediam na carreira do meu pai.

Em Castro, eu nasci. Daí foi para Bela Vista, sozinho. Já tenente-coronel, promovido por merecimento, é mandado para Alegrete. Pede para ser removido e lhe dão São Gabriel, brigada de cavalaria extinta pouco tempo depois. Para sua humilhação, já coronel, devolvem-no a Alegrete, ao mesmo regimento que comandara como tenente-coronel. Em Alegrete, eu tive angina diftérica.

Do Rio Grande, as cartas retomaram, assíduas, o diálogo em casa tão difícil. Confidenciavam-me seus dias, reproduziam-me seus sucessos, suas mágoas, traziam-me pregada à sua solidão. Mesmo a distância, mantinham-no constantemente presente. Acompanhava a minha vida diária, os meus estudos, indagava dos resultados de meus exames, dos filmes que vira nos fins de semana, dos livros que lera, dos meus progressos no piano, das amigas novas que fizera. Influenciava-me, aconselhava-me, interferia nos meus gostos, nas minhas apreciações, na minha conduta, nas minhas decisões, mais do que quando estava em casa, mais perto de mim. Eram verdadeiros tentáculos de preocupação e de amor. Sugeria o que eu deveria fazer do meu futuro: se quiseres, estuda engenharia. Deixando incidir, como se fosse acidentalmente, a vontade dele sobre a minha, quase a me fazer crer que era isso o que eu queria, estudar engenharia. Podia ser estimulante, às vezes, outras vezes, opressor e duro. O olho de Deus na terra. Lamentava-se por estar novamente só. Se eu não estivesse no colégio, mamãe poderia ter ido também, mas o meu aproveitamento escolar era mais importante do que estarmos os três juntos. Sacrifícios maiores outros militares estavam fazendo, sobretudo os que partiam para a Europa na Força Expedicionária. Enviava-me textos de discursos e de conferências que havia pronunciado em tal ou qual ocasião, pedindo-me a opinião. Comentava tudo o que eu lhe mandava dizer. Corrigia-me os erros de português. Mandava-me prêmios pelas notas altas. Cobrava resposta a todos os seus assuntos e, quando eu deixava de contestar algum dos pontos de suas cartas, queria saber se eu não havia entendido bem sua letra. É que volta e meia eu tentava passar por cima de alguma coisa com a qual não estava muito de acordo. Fazíamos apostas sobre a data em que terminaria a guerra e ele se deliciava com os meus palpites. Repartia comigo suas desesperanças de promoção a general, o que tanto desejava, mas lhe parecia cada vez mais impossível. Sua pressão arterial chegava, por vezes, a vinte e cinco e os médicos se alarmavam. Punham-no de repouso obrigatório. Essas derrapadas da saúde o deixavam muito preocupado com meu futuro. Temia que o coração falhasse de repente sem lhe dar tempo para me ver adulta e formada. Recomendava-me cuidado com os homens, com sua falsidade, com seu egoísmo e sua maldade. Essas cartas cheias de conselhos e de admoestações me eram particularmente desagradáveis. Quando me corrigia ou me reprovava por qualquer falta, era sempre extremamente severo e isso me deixava irritada, desejosa de provocá-lo, de inquiri-lo sobre o seu passado, sobre o assassinato que ele cometera. Como podia ser tão rígido se o crime que cometera era muito maior do que qualquer falta minha? Tinha vontade de dizer-lhe desaforadamente: é, mas eu não matei ninguém! Quando me passava a raiva, mandava-lhe cartinhas em francês ou inglês. Sabia o quanto gostava de sentir meus progressos, de fingir que não as conseguia ler, para que eu me sentisse superior a ele. Dava-lhe notícias de mamãe e me permitia criticá-la, contando-lhe que continuava se atrasando sempre que tinha que sair, pois se olhava em todos os espelhos, até no da porta da rua, endireitando o cabelinho da esquerda. Isso o divertia. Endireitar o cabelinho da esquerda era uma expressão sua, usava-a com mamãe, que estava sempre atrasada para sair.

O comandante do Corpo de Bombeiros de Rio Grande lhe havia regalado um casal de pombos brancos, de cauda em forma de leque. Nas férias trouxe-me os bichos de presente. Eram realmente lindos e muito mansos. Vinham comer na nossa mão. Papai mandara fazer um pombal de madeira, pintado de azul e cheio de portas nos vários andares. Foi instalado na parte mais alta do quintal dos fundos. Mamãe implicava com os pombos, sujavam a varanda. Apesar da nossa vigilância, o Rex, um de nossos cachorros, caçador por natureza, matou, primeiro um, depois o outro. Papai ficou tristíssimo com isso, achando que fora descuido meu.

Havíamos arrumado a casa, mandado pintar os quartos, reformar cadeiras, pensando na sua vinda para passar o Natal conosco. Sem a necessária autorização do Ministério para isso, só conseguiu vir no final de janeiro. Quando me trouxe os pombos. Não sei o que se passou então entre ele e mamãe. Regressou ao Rio Grande antes de terminar a licença. Cartas e telegramas passaram a me ser exclusivamente endereçados. Começou a dirigir seu mau humor contra mim. Reclamava mesmo sem motivo, recriminando-me por minhas cartas descuidadas e de corrompida caligrafia. Implicava comigo. Confessava-se irritado, entediado de tudo, torturado e injustiçado. Eu me dividia entre a pena que sentia dele e a frieza na qual já me escudava há tanto tempo. Queixava-se da minha secura. De que eu perdera a espontaneidade, não sabia mais encarapitar-me nos seus joelhos, ou sapecar--lhe um beijo me atirando ao seu pescoço. Dizia que eu estava sempre arredia, não mais me preocupava em procurá-lo. Que fugia dele. Que descia, se ele estava em cima. E quando era ele que se sentava ao meu lado, na varanda, que eu me esquivava e ia para o meu quarto. Achava que podia ser por já estar ficando mocinha. Seu tom se tornara de reprimenda. Não perdia ocasião para falar-me de virtude, bondade, pureza. Eu não gostava dessas cartas. Sobretudo quando me exortava a bem proceder, lembrando-me do meu mau comportamento no ano passado, quando até perdera a saída. Chegou a dizer que tinha menos saudades minhas, não mais como outrora. Mostrava-se, como eu jamais o vira, amargo, torturado, incompreendido. E, o que a mim parecia uma tremenda chantagem sentimental, trazia invariavelmente o tema de sua morte, quase desejada.

Se numa dessas cartas ele me contasse o que acontecera com ele, talvez eu pudesse, como ele desejava, transformar--me na sua grande amiga e confidente. Mas esse voto de confiança não vinha. E eu, plantada no meu ressentimento, negava-lhe qualquer solidariedade.

Quando terminei o ginásio, adoeci. Foi logo depois das férias que tínhamos passado na praia, as primeiras em que saíramos, mamãe e eu. Papai jamais fora à praia. Achava aquilo uma grande indecência. As mulheres em trajes diminutos expostas à concupiscência alheia. Então fomos nós duas, sem ele, para Itacuruçá, ficar numa pensão de uma amiga de minhas tias. Pela primeira vez eu ia à praia. Meu maiô, de corpo inteiro, completamente fora de moda, era o mais discreto e o mais feio, diferente do de toda a garotada. O único que tinha por cima da malha grossa azul-marinha uma espécie de saiote godê, quase até o meio das coxas. Como ninguém usava mais.

Isso não impedia que eu me sentisse intensamente feliz naquele mar, naquela praia, fora do ambiente pesado da minha casa. Fiz logo amigos da minha idade, mocinhas e rapazinhos. Iniciava-me com prazer e avidez naquele mundo novo oferecido ante meus olhos cobiçosos.

Eu não sabia nadar. Sem os óculos, via muito mal e isso me dava uma grande insegurança e medo do mar. Os meninos, íntimos dele há mais tempo, caçoavam de mim. Sua grande diversão era pegar-me distraída e atirar-me n'água. Maneira desajeitada de manifestar seu interesse por mim. Tudo era pretexto para chegar perto, para olhar, para tocar, para encostar disfarçadamente na pele do outro, passar-lhe a mão rápida, num gesto descuidado, como quem não quer nada. O que já nos parecia uma grande ousadia. Tudo era excitante, provocador. Não importava muito eu ser feia. Eu era uma menina. Depois dos sete anos de internato, onde o ingresso de rapazes, mesmo dos irmãos das alunas, era proibido, até nas festas de fim de ano, estar assim tão próxima de adolescentes do outro sexo era, para mim, inusitado e alvoroçador. A brincadeira mais frequente, muito apreciada pela oportunidade que dava aos meninos de nos tocarem, era a dos caldos na hora do banho de mar. E eu era a vítima favorita. Entrava n'água e vinha logo alguém me empurrar ou me fazer cair com rasteiras e outros expedientes pseudoinocentes. Havia, também, os salvadores compungidos. Eu não sabia respirar debaixo d'água, que me entrava pelo nariz, pela boca, que eu engolia, me engasgando. Ficava furiosa com aquela agressão. Que não era mais do que uma introdução ao carinho.

Quando acabaram as férias, apareci com um problema de sinusite, a tal ponto sério que o médico resolveu me operar.

Eu havia terminado o ginásio e convencera meus pais a me matricularem em outro colégio, externa. Decidimos que iria estudar no Bennet, graças às ingerências de minha madrinha, que achava indispensável eu ter uma boa formação em inglês. Considerei essa mudança como uma grande conquista. Mas bem maior do que a conquista foi a dificuldade, com a qual não contava, de ajustar-me ao novo colégio. Estava tão acostumada a seguir os apelos das campainhas da Madre Paula que não sabia mover-me por mim mesma. No Bennet as classes eram abertas. Sentávamo-nos onde escolhêssemos, sem lugar marcado. Estudávamos como, quando e se quiséssemos. Nada nos acontecia se conversássemos durante as aulas. Nem havia quem nos vigiasse e dirigisse. Cada aluna devia saber o que fazer. Eu me sentia meio assustada, perdida. Nunca descobria a tempo em que sala estava a minha turma, ou qual a matéria da aula seguinte. Não havia quadros de avisos, horários escrupulosos pregados sob a tampa das carteiras. Qualquer uma podia, a qualquer momento, interromper o professor com perguntas, mesmo que parecessem desatentas. Ou, simplesmente, desligar-se da aula, ignorando o que se passava lá na frente, desde que não perturbasse a quem prestava atenção. Podia se discutir o filme da véspera ou o feitio do vestido novo. Não se usavam uniformes. Eu invejava a desenvoltura das minhas colegas, mas vivia constrangidamente a minha liberdade, pouco à vontade e me ressentindo da falta dos regulamentos a que estava afivelada no internato, acostumada a obedecer, incapaz de me organizar sozinha.

A novidade maior do colégio eram as aulas de economia doméstica. Aprendia a cozinhar, a fazer saladas, cremes, *soufflés*, numa cozinha, verdadeiro laboratório, como as cozinhas dos filmes americanos. Eu me sentia adulta e independente, capaz de prover a todas as minhas necessidades. Uma receita dava certo e, milagrosamente, eu tirava do forno um prato que nunca me supusera habilitada a produzir. Em casa repetia a façanha e o milagre para o espanto da cozinheira e de mamãe, com quem trocava segredinhos culinários e a quem ensinava minhas descobertas.

Quando começava a me sentir integrada e mais à vontade no colégio, tive que ser operada. O Dr. Capistrano dizia que seria uma operação de rápida recuperação. O mesmo que tirar um dente. Fui confiante, papai ao lado. Ele exigira sempre de mim uma coragem sobre-humana. Toda vez que eu sentia dor, me dizia que isso a gente domina, controla, não se deixa a dor ser mais forte. Numa operação que lhe haviam feito sem anestesia rasgara um lençol com as unhas, mas não soltara um ai. E eu entrei na sala de cirurgia cheia de coragem. A previsão médica não correspondeu ao tempo de duração da operação, e o efeito da anestesia terminou antes. Não podia me mexer, enrolada em muitos lençóis. À raspagem do osso se seguiram os pontos. Os tecidos macerados, ao serem recosidos sobre a caveira, produziam uma dor insuportável. Esquecida de ser espartana, me vi urrando, com as lágrimas saltando longe.

Meu rosto inchou tanto que a papada pesava, cobrindo o pescoço, como a de um bebê muito gordo. Os olhos, com a inchação do nariz e das pálpebras, passaram dias fechados. Não conseguia engolir, nem falar, nem mesmo chorar. Hematomas arroxeavam minhas enormes bochechas disformes. Pensava, com desespero, que nunca mais voltaria ao normal. Ficaria assim, monstruosa e paquidérmica para sempre.

Levei meses para melhorar. Pela garganta mal passavam alimentos líquidos. Com o auxílio de um canudinho eu tentava ingerir os sucos e as sopas ralas que mamãe fazia. Perdi quatorze quilos em três meses. Quando fiquei melhor, quando as manchas escuras desapareceram e o volume do rosto foi minguando, eu espichara, estava esguia. Era outra pessoa.

O PAI

Tive que abandonar o colégio. Depois de tantas ausências, já não podia acompanhar a turma. Algumas colegas mais antigas me vinham visitar nesses meses de reclusão. Quando, finalmente, fui liberada para recomeçar a sair, em casa de uma delas conheci quem viria a ser o meu marido.

Era o meu primeiro namorado. Eu tinha quinze anos, ele dezenove. Vinha de Santa Catarina e era cadete na Escola de Aeronáutica. Um rapaz alto, de olhos azuis, dos quais muito se orgulhava. Riso largo e desabusado.

Foi um namoro difícil, contrariado. Durante anos nos vimos às escondidas. Pouco depois de nos conhecermos ele foi expulso da Escola. Esperava-me, então, à saída do colégio, agora o Santa Teresa, também de freiras, mas menos rígido do que o internato. Fazíamos juntos o percurso de volta a casa. Nos encontrávamos na missa dos domingos ou nas noites do mês de Maria, na igreja do bairro. Às vezes conseguíamos rápidos encontros pelas esquinas, entre uma e outra compra que mamãe me permitia fazer sozinha.

Primeiro mamãe, depois papai, logo souberam do meu namoro. A princípio mamãe mostrou interesse e simpatia pelos meus sentimentos e me fez muitas perguntas sobre o meu namorado. Colocava-se como minha melhor amiga a quem eu tudo podia confiar. Mas cedo mudou. Com a saída dele da Escola, começou uma guerra violenta. Proibiam-me de sair. Não queriam que eu voltasse a encontrá-lo, nem sequer que eu falasse com ele por telefone. Era vigiada, acompanhada por outras pessoas quando ia à rua. Impediam-me, por todos os modos ao seu alcance, de qualquer oportunidade de vê-lo.

Já não tinha autorização para ir à sessão das duas, no domingo, se uma das tias ou minha madrinha não pudessem me acompanhar ao cinema.

Eu cursava então o científico. Enquanto o ex-cadete, segundo meus pais, passava os dias desocupado, jogando pôquer com amigos nada recomendáveis. Antes, costumava fugir da Escola para jogar. Numa dessas escapadas tinha sofrido um acidente de automóvel que lhe fizera ficar com o braço direito defeituoso. Não o podia esticar todo, embora conservasse a força e pudesse utilizá-lo normalmente. Dispôs-se a completar o número de horas de voo necessário para tirar um brevê civil. Pretendia ingressar numa companhia aérea comercial. Gostava de voar, não queria fazer outra coisa. Estava sozinho no Rio, a família em Santa Catarina. Foi um período duro para ele. Nem sempre tinha com o que pagar suas horas de voo. E vivia muito nervoso e irritadiço. Hostilizava as poucas amigas com quem mamãe ainda me permitia sair e elas contavam em casa como o achavam difícil ou desagradável.

Para mim também foi uma fase dura. Totalmente tomada pela força da minha primeira paixão, presa em casa, não via como fugir ao controle de meus pais para ajudá-lo. Nos nossos cada vez mais raros encontros eu tinha que agir com muito cuidado para que não brigássemos. A reação negativa dos meus pais, que não acreditavam nas suas boas intenções, me fez viver quatro anos de namoro sem que realmente eu pudesse conhecer bem o homem por quem estava tão apaixonada. Emprestava-lhe dinheiro da minha mesada, que acabou

O PAI

sendo cortada. Dava-lhe o apoio que podia e acreditava nele. Uma vez empenhou minha pulseira, uma corrente grossa com uma placa de ouro, onde estava gravado meu nome. Eu a havia dado a ele pedindo-lhe que a usasse constantemente. Mamãe descobriu. Ela sempre descobria tudo o que se passava e que eu tentava esconder. Remexia nas minhas gavetas, abria meus livros, ouvia minhas conversas, chantageava minhas amigas, firmemente decidida a encontrar uma causa para acabar com o meu namoro. Foi um drama lá em casa o resgate da pulseira.

Depois de muito tempo, ante a minha inalterável resistência, consentiram em deixá-lo entrar e namorávamos na varanda. Mamãe nos surpreendeu agarrados, aos beijos, e o pôs porta afora, e a mim, outra vez inacessível, de castigo no meu quarto.

A cabrunhado com o grande desgosto de o terem passado para a reserva sem as dragonas de general, papai regressara do Rio Grande. Procurava uma outra atividade que o distraísse e aumentasse seus vencimentos. Trabalhou algum tempo para o governo do Paraná. Depois, foi diretor de uma fábrica de cimento em Belfort Roxo, onde se sentia extremamente infeliz. Velho, obrigado a levar ali uma vida sem conforto, abandonado e incompreendido, como ele dizia, por gregos e troianos.

Finalmente, foi nomeado para um cargo digno dele, diretor do Instituto Geográfico e Geológico de São Paulo. Para lá partiu sozinho. Como de costume, ficamos no Rio. Desta vez, no entanto, eu sentira mais do que uma simples transferência naquela ida de papai. Alegavam a razão de sempre para mamãe e eu não irmos. Por minha causa, diziam. Eu tinha que continuar meus estudos, não podia mais estar mudando de colégios. Parecia muito justo. Cheguei a sentir remorsos de obrigar mamãe a ficar também. Eu sempre atrapalhava a vida dos dois. Mas, depois, observando melhor, cheguei à conclusão de que eles deviam estar se separando. Escondiam isso de mim. Mais que nunca mamãe chorava, sacudindo o pé, com o rosto coberto pelo lenço encharcado. Papai, silencioso, arrumava suas coisas para a mudança.

Vi saírem as estantes de vidro, os livros, o tabuleiro de xadrez. A casa ficou esquisita, sem os seus objetos. Os vazios aumentavam a sala. A grande secretária também se fora, com o meu segredo, o segredo dele, lá dentro. Ficaram os sofás de couro. Havia qualquer coisa de definitivo naquela viagem. E se mamãe não ia, não era por minha causa. Serviam-se de mim, dos meus estudos, para encobrir seus motivos. Senti como se a casa toda estivesse se dissolvendo. Como se escorresse, liquefeita, sob os meus pés. Fui procurar papai. Encontrei-o sentado na varanda, olhando para as rosas que ele mesmo plantara e acabavam de dar os primeiros botões, as "estronda-mundo". Estronda mundo. O nome adequado para o momento. Olhava-as como para tudo o mais, como se nada estivesse vendo. Ou como se nada daquilo lhe estivesse mais ligado. Tive vontade de ser pequenina outra vez e de sentar-me no seu colo. De tirá-lo daquela abstração dolorosa. Vontade de perguntar-lhe se ele voltava logo, para que sentisse meu interesse. Dizer-lhe da falta que me fazia sempre que se ausentava. Sua mão fez um gesto me procurando. Apertei-a rapidamente e disse: já volto. Virei-me para entrar em casa, mas ainda vi o desânimo com que deixou sua mão cair no braço da cadeira de ferro. Aquele engasgamento que precede às lágrimas me tomara e eu não queria que ele percebesse. Tranquei-me no banheiro e chorei, com a cara enfiada na toalha felpuda para ninguém ouvir. Se eu tivesse podido falar, perguntar-lhe quando voltaria, ele provavelmente me teria mentido. Ter-me-ia dito que voltaria logo, quando, no íntimo, ambos sabíamos que ele estava indo de vez. Só no dia em que viajou me agarrei ao seu pescoço e ele me apertou muito, quase me suspendendo do chão.

Sem ele mais uma vez, a nossa vida mudou. Seu escritório se transformou, amenamente, numa sala de estar. Para lá se transferiram o meu piano e a eletrola, que eu recebera de presente ao completar os dezessete anos. As mesas baixas, substituindo os móveis do meu pai, receberam bibelôs e revistas. Já não se ouviam ópera, canções napolitanas ou as valsas de que ele tanto gostava. Eu não o acompanhava mais ao Municipal nos domingos, para a *soirée* lírica. Livrara-me do tédio das longas cantarias. Não tinha mais que assistir à *Tosca*, à *Butterfly*, em vez de ir ao cinema. Agora os boleros do Gregório Barrios, tão na moda, enchiam a sala. Eu comprara e ouvia os meus discos de setenta e oito rotações, pesados e grossos, que roíam uma agulha por música.

Minhas tias e minha madrinha sempre vinham para o almoço. Mamãe, pouco a pouco, foi ficando mais tranquila, mais remoçada. Começava a me levar aos cinemas. Fomos ver ... *E o Vento Levou*, filme que papai adorava. Dizia que era como uma ópera, podia-se vê-la muitas vezes, sempre com prazer. Era impróprio para menores de vinte e um anos. Mamãe me emprestara um costume seu, marrom, e uns sapatos de salto alto. Até batom me deixara usar, pela primeira vez, a fim de parecer mais velha e não me barrarem na entrada do cinema. Apaixonei-me perdidamente pelo Clark Gable. E entendi que meu pai se encantasse tanto pela figura feminina de Scarlet, audaciosa e independente, embora ele certamente preferisse que eu fosse uma Melanie. Para mamãe, a responsabilidade de me vigiar e de resguardar sozinha minha virgindade ameaçada era uma tremenda sobrecarga, além das suas forças.

De papai, voltavam a chegar as cartas, regularmente. Durante algum tempo voltei a ser a ponte entre ele e mamãe. A intérprete. Diga a seu pai. Diga a sua mãe. Depois eu escrevo para ele.

A surdez de mamãe. Eu me trancava na sala a pretexto de estudar piano. À hora combinada, punha um disco na vitrola. Com a porta trancada, fazendo-a pensar que eu estava lá dentro, tocando. Pulava a janela e corria escadas abaixo até o portão de ferro onde meu namorado e eu passávamos dois ou três minutos atracados, jurando amor eterno. Era o tempo de terminar a música e subir, outra vez correndo, com o coração aos pulos, antes que o disco se calasse. Papai sempre dissera que namoro em portão era próprio para domésticas. Mal conversávamos, mal nos olhávamos, mal nos conhecíamos.

De certa forma, até gostei que papai tivesse ido para São Paulo. Ultimamente ele e mamãe brigavam cada vez mais. Diariamente discutiam ou, por dias seguidos, quando não discutiam, não se falavam. Qualquer assunto desencadeava violentas tempestades que desabavam, muitas vezes, mesmo sem nenhum motivo aparente. Depois que ele se foi, apesar de mamãe continuar tensa e infeliz, pelo menos se acabaram os ferozes desentendimentos.

Com a mudança para o colégio Santa Teresa um novo acontecimento me marcara dolorosamente. Pouco antes da

O PAI

partida de papai, no primeiro dia de ano letivo, eu assistia à aula de português, entre trinta e cinco meninas que eu não conhecia. O professor, um homem bonitão, vestido de linho branco, entrou perfumado e charmoso, impressionando as alunas. Chegara fumando e nos olhava, entre duas baforadas do seu cigarro, com os olhos pequenos próximos do nariz. As pupilas, mais escuras sob as sobrancelhas cerradas, percorriam a classe, examinando-nos. Encarava a uma ou a outra, enquanto nos chamava pelo nome, para identificar-nos. Terminada a chamada, pôs-se a falar sobre o expoente máximo da literatura brasileira, Euclides da Cunha. Falava bem, com um vocabulário rico e sua voz rouca, bem impostada, fazia parte do seu charme. O assunto o apaixonava e todas prestávamos atenção, meio fascinadas para não perdermos nada do que ele dizia. Eu, por outras razões. Um grande medo me tomou. Senti-me acuada. Sabia que aquele momento iria chegar, que um dia me confrontaria com uma situação dessas, mas não assim, desse jeito, entre tantas colegas novas e estranhas. Em meu primeiro dia de aula. Eu sabia o nome do homem que meu pai tinha matado. Fiquei enrijecida, esperando o fim da história, do resumo biográfico que ele fazia, falando do escritor, antes de falar da obra. Parada, hipnotizada, com os olhos fixos nele, ouvi-o chegar à morte do Euclides. E foi então que o nome do meu pai saiu de sua boca, cuspido, aviltado, como o do último dos criminosos. Descompunha papai, chamava-o de torpe assassino, dizia que além de assassino era um monstro, que matara à traição o seu benfeitor, o homem que o havia abrigado em sua casa, que o havia criado, e a quem papai, além de roubar-lhe a esposa, assassinara friamente.

Não sei bem como tive forças para me pôr de pé. Eu estava na segunda fila de carteiras e ainda me lembro da expressão de assombro da menina que se sentava à minha frente, boquiaberta, seus olhos espantados me olhando, como se eu tivesse enlouquecido. Todas as outras, por trás de mim, deveriam estar também assim me olhando. E me ouvi dizer, numa voz que mal reconheci, estranhamente minha, que era mentira, mentira o que ele estava dizendo ali. Que estava mal informado, que não tinha o direito de continuar espalhando aquela infâmia entre suas alunas. Que o homem que matara o Euclides da Cunha não era traidor, nem assassino. Não havia sido criado por ele e se o matara, fora em legítima defesa. Tinha sido absolvido por unanimidade de votos.

O professor cresceu, indignado e vermelho, na sua cátedra.

– Com que autoridade a senhora interrompe a minha aula?

– Com autoridade de filha de quem o senhor está chamando de assassino.

– Ponha-se na rua, saia, saia! – gritou enfurecido.

Juntei tudo o que era meu de sobre a carteira e joguei dentro da pasta. Saí abraçada com ela, tábua de salvação, tentando manter a dignidade e engolindo os soluços para não chorar. Meus passos pareciam reboar na sala repentinamente alongada, silenciosa e interminável.

Realmente o meu pai tinha matado um deus. Um deus literário, cujos fiéis fanatizados não o perdoavam, nem queriam saber em que circunstâncias atenuantes as coisas se tinham passado. Tinha matado o gênio, para defender-se do ataque do marido enlouquecido de ciúme.

Ao sair do colégio, daquela maldita sala de aula, eu ficara vagando pela rua, desejando morrer. Arrebentava de vergonha, de angústia, de sofrimento. Não queria voltar nunca mais a encarar aquela gente, aquele idiota vaidoso e perfumado. E não podia ir para casa na agitação em que estava.

Não podia contar em casa o que se passara, ninguém sabia, ou queria saber que eu sabia do segredo. Fingíamos todos que ele não existia.

Mas tive que voltar. E ao colégio também. Engolindo minha vergonha e minha revolta. Três dias depois, quando não podia mais faltar sem que as freiras telefonassem para saber o porquê da prolongada ausência, voltei. Fui chamada à diretoria. Para minha grande surpresa, o professor estava lá e muito afetuosamente me pediu desculpas. Verificara meu nome, minha filiação e se arrependia muito de ter tomado por brincadeira de mau gosto o meu gesto de defesa do meu pai. Queria entrevistar-se com ele. Mas eu não podia ser a intermediária desse encontro. O professor entendeu também isso. Encontrou-se com ele sem me envolver.

Depois desse incidente, papai me chamou ao seu escritório. Sentou-me ao lado dele, perto da grande secretária. Abriu uma gaveta de onde tirou as provas de um livro. Ele o escrevera e agora ia ser editado. Queria que eu o ajudasse a corrigi-las. Queria que eu desvendasse junto com ele, amparada por ele, pronto a responder ao que eu quisesse perguntar, o que se havia passado há muitos anos, na sua juventude. Folheei as páginas que ele colocara em cima da mesa. Imaginei com que esforço estaria assim se dispondo a despir-se na minha frente. Depois de tantos anos de silêncio. Fiquei intimidada. Tinha vergonha também. Não queria o embaraço daquela revelação. Já me doía suficientemente o cabeçalho do acontecimento. Não queria esmiuçar a notícia, a mesquinhez do detalhe, tive medo. Medo do que ele ia me dizer. E mais que tudo, um ressentimento me afogou numa violenta onda de amargurada rejeição: agora é que você quer me contar essa história? Eu já sei de tudo, estou farta de saber. Você tinha que ter me falado antes. Você me deixou saber por outras pessoas que me feriram, me humilharam, quando você é que tinha a obrigação de me contar. Eu não quero ler nada, saber de mais nada. Para quê?

Dor e perplexidade se juntaram no rosto dele. Como se ele estivesse ferido. Mudo, atônito. Outra vez alvejado, como se outros tiros lhe estivessem penetrando pela carne, paralisando seus movimentos, sua língua, seu sangue. O lábio superior desaparecera no inferior, sua velha expressão quando estava emocionado.

Eu me levantei e esbarrei em mamãe que ouvira a discussão e vinha entrando. Ao saber do que papai pretendia, uma explosiva discussão estalou entre os dois. O que iria eu pensar dela depois de ler aquilo, de saber que não eram casados, que ela não era a mulher dele legalmente? Como poderia eu respeitá-la depois disso? Pensaria o que sempre pensara, desde os meus onze anos. Eu conhecia o segredo deles, dormia com ele dentro de mim, me alimentava dele. Respeito, amor, carinho, tudo era empestado pelo ressentimento, pela vergonha, pela impossibilidade de amar limpo, sem veneno. Eu me maldizia de ser a filha deles, a filha do Dilermando.

Não sei se tudo isso contribuiu para a partida de papai. Sei que nos dias que se seguiram ele esteve muito silencioso, ocupado com sua mudança. Não mais tentou voltar ao assunto. Eu tampouco.

Apesar do alívio que a sua ausência produziu, sentia saudade. Saudade do seu carinho constante, embora normalmente me esquivasse dele. Que fácil era reencontrá-lo na memória e aí manter um diálogo mais afetuoso, porque distante. Papai sempre me atribuíra muita personalidade, quando às vezes eu estava mesmo era sendo malcriada. Comecei a amparar-me nele para resolver minhas dificuldades com mamãe cada dia mais intransigente e desesperada com o meu namoro. Fui até passar as férias de julho em São Paulo.

Vivia numa casa pequena, que um amigo lhe cedera a bom preço. Sala e cozinha no andar de baixo, dois quartos e banheiro no de cima. A casa ficava numa rua modesta, cheia de crianças que brincavam à tarde pelas calçadas. Chegava do trabalho às seis horas. Os meninos da rua já sabiam que trazia sempre balas e doces para distribuir entre eles e, todas as tardes, se reuniam nos degraus da sua porta a esperá-lo. Levava uma vida bastante solitária. A minha ida lhe deu muita alegria. Passeávamos juntos, andávamos pela cidade, íamos aos museus, aos concertos. Ouvi, pela primeira vez, Yehudi Menuhin tocando. Era moço e me pareceu lindo, com seu violino mágico. Como diretor do Instituto Geográfico e Geológico de São Paulo não só trabalhava, mas estudava muito também. Dizia que se sentia obrigado a isso, quer por responsabilidade, quer por brio, ao que eu acrescentaria quer por gosto, a estar à altura dos muitos cientistas com quem tinha que lidar. E isso o trazia mais animado, ocupado e contente. Recebia muitas pessoas que o procuravam para tratar de assuntos os mais variados.

Às vezes eu ia para o Instituto e, sentada na antessala de seu gabinete, aguardava que terminasse o que estava fazendo, para sairmos. Ele lamentava não poder estar também de férias para poder me dedicar todas as horas de seu dia.

Numa dessas ocasiões em que eu o esperava conversando com o secretário dele, apareceu um homem baixinho, com um jeito atarefado, querendo falar com urgência com o diretor do Instituto. Ao ser informado de quem ocupava o cargo, começou um discurso violento, pontilhado com os epítetos de sempre, salafrário, assassino, bandido, como é que ainda o nomeavam diretor de alguma coisa. Papai, que terminara suas ocupações e viera ao meu encontro, parado atrás dele, lívido, ouvia a catadupa de desaforos. O secretário se esforçava por interromper o homem, apontava na direção de papai, para onde, finalmente, ele se voltou, ainda dizendo impropérios. Rápido, mas tenso, foi o momento de silêncio que se produziu e permitiu a papai falar primeiro. Com extrema dignidade, com a delicadeza que lhe era peculiar, embora trêmulo de emoção, estendeu a mão ao ofensor, apresentando-se e convidou-o a entrar na sua sala. O inesperado da situação manietou o visitante. Sem resistência, como um autômato, respondeu ao cumprimento e passou a outra sala, seguido de papai. Quase duas horas estiveram os dois lá dentro, conversando. O secretário e eu, angustiados e perplexos, nos indagávamos sobre como terminaria o encontro. Quando novamente a porta se abriu, saíram os dois, sorridentes, meio abraçados. Papai e Plínio Travassos dos Santos, que viera tratar de assuntos do Museu Municipal de Ribeirão Preto. O homem que sentira repulsa em conhecer o assassino e apertar-lhe a mão sucumbira à sua simpatia. Como todos os que o conheciam. Dispusera-se a ouvi-lo. Meu pai ganhara, até o fim da vida, um amigo incondicional.

Foi também nessas férias que eu soube que ainda existiam parentes nossos na cidade. De parte de minha avó, filha de imigrantes genoveses. Contava papai que eram parentes do Papa Pio xi, Achille Ratti, cujos descendentes brasileiros, seus tios, se assinavam Ratto. Falta de nobreza na família, apelava para a santidade. Uma tia sua, bem velhinha, empertigada, sempre vestida de negro, era diretora de uma escola para moças. Andava com um pássaro preto no ombro. O pássaro tinha a habilidade de assobiar o Hino Nacional.

Uma tarde ele me levou para conhecer o túmulo dos meus avós. Meu tio Dinorah também está enterrado lá. Mostrou-me as fotografias esmaltadas sobre o granito cinzento. Meu avô era um homem com uma cara forte, vastas sobrancelhas e vastos bigodes. Gostei mais de minha avó. Achei-a bonita, mas sua boca carnuda, bem desenhada, sensual, não combinava com os olhos, cheios de melancolia. Saberia das desgraças dos filhos, que, felizmente, não chegara a presenciar? Tinha um ar sonhador sob os cabelos crespos suspensos da nuca, que caíam em franja sobre a testa. O meu tio foi ferido e veio a morrer em consequência das balas do Euclides da Cunha. Tinha só vinte anos quando recebeu o tiro que, atingindo-lhe a espinha, mais tarde veio a torná-lo inválido. Ficou paralítico e, numa crise de depressão, suicidou-se anos depois. Era um rapaz desempenado e bonito, aspirante da Marinha. Jogava futebol no time de amadores do Botafogo.

Meu pai me disse então que, quando morresse, queria ser enterrado ali, naquele cemitério, junto à sua mãe. E me fez prometer que não deixaria de atender a esse desejo. Completou a visita com uma preleção sobre o tormento do remorso que sentimos, nós, os filhos, após a morte dos pais, pelos maus modos e impaciências que tivemos para com eles. Queria que eu pensasse melhor nisso, para não sofrer depois. Poupando-o, eu estaria me poupando a mim mesma.

Durante o meu último ano de colégio quase não vi meu pai. Em julho apenas, durante os quinze dias de férias que passei com ele em São Paulo. E, no fim do ano, quando veio para a minha formatura. Graças a um pedido seu, eu conseguira o salão do Clube Militar para a festa da nossa turma. Eu estava com dezoito anos. Sentia-me uma princesa nas rendas e nos brilhos do meu primeiro vestido de baile. Achava-me sábia e experimentada como ninguém. Dona do mundo e do meu destino. Terminara o curso em primeiro lugar. Era Diretora do Grêmio literário do colégio. Cursara o científico para fazer vestibular para arquitetura ou para engenharia, como papai queria, embora o que eu gostasse mesmo fosse de literatura e de línguas. Da ponta seca do compasso via abrirem-se, em todas as direções, horizontes redondos e amplos. Emocionante estar ali, com tantas opções à minha escolha.

Mamãe não foi à festa. Ficara em casa, chorando, como de costume. Como de costume estragava a nossa alegria. Apesar de ter mandado fazer um vestido longo, talvez o único de sua vida, que nunca chegou a usar. Preparara-se toda para o baile, fora ao cabeleireiro, pintara as unhas. Mas, à última hora fechou-se no quarto, negando-se a acompanhar-nos, apesar dos meus apelos através da porta trancada. Fomos só papai e eu.

A valsa das formandas dancei-a com papai. Confirmando o que sempre me contara, ele sabia mesmo dançar. Movia-se elegantemente, com leveza, feliz e orgulhoso de estar ali comigo, me explicando como bem dançar uma valsa. No seu tempo de moço não se podia tocar, sequer por acaso, no pé ou no joelho da moça. Era ofensivo. Moça nenhuma aceitaria um rapaz que durante a valsa a houvesse tocado, mesmo sem querer. A mão, pousada na cintura, devia ser leve, quase ausente. Nada podia parecer próximo ou íntimo. E eu pensava como é que uma mulher casada teria podido, naquela época, ter um caso com alguém? Como é que namoravam? Como é que se apaixonavam?

Quase no final da valsa meu namorado se aproximou e pediu para dançar comigo. Papai cedeu com uma expressão de imensa pena, como se lhe viessem roubar a última alegria. Eu já lhe havia escrito, mais fácil falar por carta, sobre nossos planos de casamento ainda naquele ano. Fazia-se de desentendido. Queria que esperássemos até que eu terminasse a faculdade, que nem começara. Depois, sim, teria tempo para casar. Chegara a pedir a papai que ajudasse meu namorado a encontrar emprego em São Paulo. Mesmo conhecendo a aversão que este lhe causava, apelava para a confiança irrestrita que papai me garantira sempre. Pedir-lhe apoio era, portanto, o melhor caminho para vencer sua antipatia. Eu tinha certeza de que, não querendo me desagradar, nada me negaria, desde que eu soubesse pedir. Coagido a me ouvir, acabara por me prometer

O PAI

empenhar-se para encontrar uma colocação para o "meu cadete", como ele o chamava. Por outro lado, cobrava caro essa conivência. Sentia-se ainda mais autorizado a discursar longamente sobre a incomparabilidade do amor paterno, os deveres de uma boa filha, a maldade dos homens, as ilusões de um primeiro amor etc. etc., mas eu o encontrava, incondicionalmente, do meu lado, apesar de toda a repulsa que lhe causava ter que anuir com meus propósitos de casamento. Aos poucos senti-me avançando terreno. E insistia, determinada.

O meu cadete, no entanto, desesperançado de encontrar o que fazer no Rio ou em São Paulo, fora trabalhar em Porto Alegre. Vinha ao Rio uma ou duas vezes ao mês. Nos escrevíamos muito, muitas cartas, às vezes duas no mesmo dia. Apaixonadas. Papai reconhecia nele uma única qualidade, a persistência. Dizia que andava muito próxima da teimosia. Mamãe continuava intransigente, fazia tudo o que podia para me demover da ideia do casamento.

Fiz vestibular para a Faculdade de Filosofia e passei. Tinha estudado latim nas férias, intensivamente, e trocara a arquitetura por línguas neolatinas. A entrada para a universidade e a transferência do meu namorado para Porto Alegre me permitiram maior autonomia. Comecei a poder sair com amigas, frequentar bibliotecas, estudar em grupos. Mamãe, tranquilizada com a distância que me separava de quem ela considerava a grande ameaça, me vigiava menos. No dia primeiro de abril, ao completar dezenove anos, fiquei noiva à revelia de meus pais. Numa caixinha alongada de veludo azul-marinho, recebi, trazidos do Sul para o meu dedo, um anel com um brilhante e a aliança de noivado. O meu nome e o do meu noivo gravados no ouro.

Não houve argumentos que me convencessem a voltar atrás. Nem as "lágrimas de sangue" de minha mãe (ela dizia sempre que eu a fazia chorar lágrimas de sangue, o que, nunca tendo visto acontecer, me levava a crer, quando pequena, que até mamãe mentia). Nem a pausada interferência do meu pai. Ingênua e presunçosa, eu me superestimava: vocês viveram o amor proibido de vocês, por que não posso viver o meu? Se não souberam fazer dele uma coisa bonita, se não conseguiram ser felizes, eu serei diferente. Vou mostrar a vocês.

Contrariando a expectativa deles, poucos meses depois deixei a faculdade, em seguida a uma crise de apendicite que me levou a uma cirurgia de emergência. Em outubro do mesmo ano, nos casávamos, o meu primeiro namorado e eu.

Os meses que antecederam meu casamento passaram velozes. Meu noivo, então copiloto da Varig, vinha regularmente de Porto Alegre e pernoitava no Rio. Era quando nos víamos. Muito a contragosto, mamãe acabou por recebê-lo em casa outra vez. Ficávamos os três na mesma sala a noite toda, ela sem arredar pé, nos vigiando. Aumentava tanto o volume do aparelho para surdez, a fim de ouvir o que dizíamos em voz baixa, que o aparelho emitia agudos sinais de alarme. Trocávamos, então, banalidades, e, ao fim de uma hora ou duas, ele se despedia. Não podíamos ir sozinhos a um cinema, jantar fora, ou visitar amigos.

Mamãe se negava a comprar o que quer que fosse para meu enxoval. Talvez não quisesse enfrentar, com a visão dos objetos que pertenceriam à minha futura casa, a palpável confirmação de que o meu casamento se realizaria. O pai do noivo, por sua vez, mais que desagrado, manifestara sua total desaprovação ao nosso casamento. Numa carta dizia ao filho que melhor seria que se casasse com alguém de uma família menos comprometida do que a minha. A sua era uma família pobre, mas honesta. Sem passado notoriamente vergonhoso. Por que não buscar em Santa Catarina mesmo uma moça decente? Mais uma vez eu me envergonhava de ser a filha do meu pai.

A quem me conhecia não só causava espanto eu ser a filha dele, mas também o não ser filha de sua mulher. O fato de ele ter matado um homem ilustre e casado com a viúva tornara ambos nacionalmente conhecidos. Eu era, portanto, a prova do adultério do homem que não tinha o direito de prevaricar. Minha mãe não era a viúva do escritor. A personagem da tragédia. Era a "outra", a companheira incógnita, a que levara os onze primeiros anos de convivência sem sair de casa, para não se deixar ver, a que se escondia de todos os olhares, anônima. Tinha medo quando me perguntavam de que família eu vinha. Ao nome de meu pai só um nome de mulher podia estar associado, o nome proibido na minha casa de criança. Ana. Por isso eu via o espanto na cara das pessoas porque esse nome não coincidia com o de minha mãe. Quem é? De quem é filha? Eram perguntas que eu evitava, que me faziam arder as orelhas.

A severidade de meu pai, que me impedia de passear, de dançar, de namorar, talvez fosse, no fundo, o temor de que me aplicassem, maldosa e pejorativa, a frase: é a filha do Dilermando. Ser sua filha tinha o gosto ácido da vergonha.

E eu compreendia, como ninguém, porque era mandamento amar pai e mãe. E, mais ainda, não cobiçar a mulher alheia.

Pobre papai. Minha avó se casara contra a vontade da família, em 1887, depois de um namoro de sete anos. Morara o casal em Porto Alegre e, em seguida, em Santa Vitória do Palmar, onde veio a morrer o marido, tenente de cavalaria, aos trinta e três anos, de uma queda de cavalo. Apenas cinco

O PAI

anos de felicidade tiveram juntos. Vovó ficava sozinha, com os três filhos pequenos, Dilermando, Dinorah e Dinoberth. Trabalhadora e econômica, com o montepio de vovô e os recursos que lhe proporcionava sua habilidade como costureira, conseguiu construir uma casinha, onde vivia com os meninos.

Papai contava que, nessa época, com quatro ou cinco anos, era muitas vezes incumbido de ir ao armarinho da esquina comprar linha para as costuras de sua mãe. Essas lojas de cidade de interior conservam até hoje o mesmo aspecto, com toda a sorte de artigos, amontoados pelas prateleiras e balcões, pendurados pelas portas, tecidos, sapatos, roupas prontas, joias de imitação, espelhos, enfeites para casa, presentes, fitas, carretéis, novelos, brinquedos, enfim, de um tudo, como dizem. No meio daquela confusa profusão de objetos, havia um que deixava o menino Dilermando particularmente fascinado. Um tambor. Lindo, com a volta de cilindro toda pintada de azul e vermelho, em ziguezagues, e o couro bem esticado, em cima e embaixo, fazendo reboar qualquer toque na superfície. Igual ao da banda dos soldados que o pai comandara. Possuí-lo parecia impossível. A mãe não permitia desperdiçar o dinheiro ganho com tanto sacrifício em brinquedos e futilidades. A cada vez que Dilermando ia ao armarinho, o coração inchava de alegria, o objeto dos seus sonhos ainda estava lá, não havia sido vendido. E crescia o desejo de possuí-lo. Até que não aguentou mais. Subjugado por sua obsessão, preparou uma mentira para contar à mãe, a de que perdera o dinheiro e, em vez das encomendas, comprou o tambor. Mas, precisava escondê-lo, não podia entrar com ele. Dá a volta à casa e atira-o por cima do muro, para dentro do quintal. Não contava com vovó, que ali estendia umas roupas na corda. O tambor aterrissa a seus pés. Não é difícil adivinhar de onde vem. E o pobre Dilermando, além de umas boas palmadas, é obrigado a acompanhar a mãe à loja da esquina e devolver o tambor. Alegrias duram pouco, sobretudo as proibidas.

Eu, menina, quando ouvia essa história morria de pena dele. Uma vez comprei um tambor de brinquedo e lhe dei de presente.

Em 1897, depois da morte de Dinoberth, a família se mudou para Porto Alegre. A tristeza pela perda do filho e as grandes dificuldades por que passava levaram vovó a aceitar o convite dos irmãos para juntar-se a eles em São Paulo. Prontificavam-se a ajudá-la a educar as crianças.

Papai foi internado num colégio em Uberaba, aos nove anos. Em 1903 matriculou-se na Escola Militar do Realengo, para seguir a carreira militar, como seu pai e seus tios paternos.

Era muito agarrado com a mãe. Durante toda sua vida falava nela com o maior carinho e devoção, citando-a sempre como exemplo do melhor que podia existir num ser humano, de virtude, de bondade e correção. Em São Paulo, garoto ainda, viu-se muitas vezes compelido a defendê-la dos ataques e do gênio difícil das tias solteironas, irmãs de sua mãe, que não lhe perdoavam o casamento de tão pouca duração e criticavam sem piedade o infeliz regresso da viúva. Papai odiava as tias que faziam sua mãe chorar.

Na mesma época em que papai entrou para a Escola Militar, foi o irmão, Dinorah, para a da Marinha. Não podiam adivinhar que vovó viveria apenas um ano mais. Em abril de 1904, desaparece a única pessoa que realmente tinha por eles amor irrestrito, permanente preocupação e a quem nenhum sacrifício parecia demais se era para vê-los bem. Estão sós no mundo. Sempre achei que daí se originou toda a tragédia que meu pai viveu.

Acabadas as férias que passa em São Paulo, em casa do tio, seu tutor, Dilermando volta ao Rio. Traz uma encomenda, um álbum de músicas, para suas tias, Angélica e Lucinda, que viviam à rua Senador Vergueiro. Nesse mesmo endereço morava uma amiga delas, de quem vovó também fora amiga. Uma senhora cujo marido estava ausente, há meses, no Acre.

Apesar de ter apenas dezessete anos, meu pai já parece um homem feito. É alto, alourado, atlético. Monta a cavalo. Toca violão, gosta de cantar. Faz fotografia. É campeão nacional de esgrima, de salto de vara e de tiro ao alvo. Além da Escola Militar, cursa engenharia.

Convidado pelas senhoras da casa, deixa a Fortaleza de São João, onde morava com o irmão de seu pai, seu padrinho e amigo de sempre, o Major José Pacheco de Assis, e passa a viver com elas, em Botafogo. Na verdade, a casa era de Madame Monat, que alugava quartos para famílias. Daí mudaram-se pouco depois, suas tias, a amiga casada e ele, para a rua Humaitá. A convivência com a mulher solitária, no pleno viço dos trinta e poucos anos, cujo marido está sempre longe, leva-o, além da compensação, talvez inconsciente, pela recente perda de sua mãe, único amor de sua vida até então, a encontrar nela a resposta deslumbrada aos apelos de sua adolescência. A intimidade sem barreiras, que a ausência do marido favorece, e a tremenda carência afetiva de ambos alimentam a paixão irrefreável que vivem de maneira absoluta.

A primeiro de janeiro de 1906, sem aviso prévio, do navio já no porto, o marido telegrafa para dizer que chegou e pedir a ela que o mande buscar.

Defronta-se com uma gravidez denunciadora, de três meses já, que provoca sua ira. Ainda assim o casal se mantém junto, mesmo depois do nascimento, a termo, de um menino, Mauro, a onze de julho do mesmo ano. A criança, que morre aos sete dias, registrada por Euclides como filho legítimo, foi enterrada no cemitério de São João Baptista. Do atestado de óbito consta morte por debilidade congênita. A mãe revelaria mais tarde que o menino, "o inocente", fora mantido longe dela, propositadamente, pelo marido enciumado, com a intenção de impedir que fosse amamentado.

Em março do mesmo ano, a Escola Militar se transfere para Porto Alegre e, com ela, o cadete Dilermando. O que não impede que, em 1907, outra criança loura, também reconhecida como filho legítimo por Euclides, venha ao mundo. E sobreviva.

Aspirante do Exército, Dilermando retoma ao Rio e vai morar com o irmão, aspirante da Marinha, numa casa de subúrbio na Piedade.

Apesar da confirmação do adultério, Euclides nega a separação várias vezes pedida pela mulher. Ao fim de três anos de discussões violentas e deploráveis cenas diárias, ela termina por sair de casa, acompanhada de dois de seus filhos, um, de Euclides, outro de Dilermando.

E num domingo, 15 de agosto, dia de Nossa Senhora da Glória, transtornado pela ausência da mulher, que se nega a regressar, o marido toma emprestada uma arma, procura a casa onde moram os dois aspirantes e por ela irrompe, distribuindo tiros, disposto a matar e a morrer. O primeiro atingido é Dinorah, que lhe abre a porta. Pelas costas, depois de alvejado várias vezes, é papai, o campeão nacional de tiro, quem atira. Primeiro na mão que escreve, com a intenção de desarmá-la. Só depois de novamente atingido, desfere o tiro que alcança o pulmão tuberculoso do escritor e o mata.

Contraditoriamente, eu, que passara a vida pensando em descobrir os seus segredos, me negara a conhecer detalhes da história do meu pai. Não quisera ler o depoimento constante do grosso livro, afinal publicado poucos anos antes de sua morte. Sabia que nele havia documentos, testemunhos provando que ele matara, sim, mas em legítima defesa, da própria vida e da do irmão, o primeiro a ser alvejado por Euclides.

Eu não queria nos ombros a tragédia de meu pai. Eu queria apagar tudo, começar uma outra vida, a zero quilômetro, como qualquer moça que se casa. Deixaria de ser a filha, para ser a mulher de alguém. Mudaria de nome, formaria outra família. Não queria mais ver o espanto dos outros quando dizia o nome do meu pai. Não queria mais ter que brigar por ele, ter que defendê-lo, ter que ser julgada por coisas que fizera num passado remoto e que as pessoas, cruelmente, insistiam em reviver, em condenar, incluindo-me também na sua desconfiança e reprovação. Queria formar uma família decente e honesta, da qual ninguém tivesse o que dizer. Eu não queria ser mais a filha do Dilermando.

Toda essa história era constantemente relembrada pela imprensa do país, acrescida de comentários ferinos e de invencionices maldosas, que aumentaram seu sensacionalismo. Escritores, jornalistas, amigos do escritor, os que se consideravam companheiros de classe, a cada aniversário de sua morte traziam-na à baila, deturpando os fatos e atacando papai sem caridade. Chegaram a exibir, na vitrine de uma conhecida livraria da rua do Ouvidor, a túnica que papai vestia na ocasião do tiroteio, com os furos das balas do escritor. Como sua última obra.

Para culminar, a desgraça havia sido seguida de outra, monotonamente repetida.

O filho do homem que papai matara crescera. Sete anos depois decide vingar o pai assassinado. Mal ensaiadas, as mortes se encadeiam. E, por duas vezes, um homem de natureza sofrida e difícil, de nome Euclides, tenta matar o amante de sua mulher. De sua mãe. Por duas vezes Euclides morre. Euclides pai e Euclides filho, mortos, não assassinados, em legítima defesa, pelo mesmo Dilermando. A repetição banaliza mesmo o trágico, mesmo a morte.

Todos esses acontecimentos foram um entrave à carreira de meu pai. Pagou a vida inteira por haver-se defendido. Preferiria ter morrido no lugar de cada Euclides. Suas promoções eram retardadas ao máximo, preterido sempre, apesar dos primeiros lugares nos cursos que fizera e dos elogios dos chefes sob cujo comando servira. Suas designações, feitas para os piores postos. Ninguém o queria como subordinado e, muito menos, como comandante. Mesmo os que admitiam a legitimidade dos homicídios que se vira obrigado a cometer nem sempre estavam dispostos a enfrentar a crítica alheia. Poucos foram os desassombrados que tomaram a sua defesa.

A primeira vez que se ousou apresentar a verdadeira versão da história foi em *Diretrizes*. Seus repórteres viviam à caça de grandes assuntos, como diz Samuel Wagner em seu livro, *Minha Razão de Viver*. Era na época da ditadura de Getúlio Vargas. Um belo dia, um grande assunto – papai – entrou pela sala da redação, pedindo uma oportunidade para esclarecer a injustiça que durante tantos anos lhe faziam. Imaginando o impacto que teriam as declarações do assassino de Euclides, foi publicado tudo o que ele tinha a dizer. Não sem grande sensacionalismo e não sem muitos dissabores para *Diretrizes*. Ainda assim, o próprio Samuel, ao descrever o episódio em seu livro, confunde detalhes fundamentais da defesa de papai. A data e o local do crime, os endereços dos personagens, a idade de papai na ocasião, as balas que o atingiram e a meu tio, anteriores à que matou Euclides, todos esses detalhes importantes são aí, mais uma vez, negligenciados, omitidos ou mal apresentados. Fica claro que o atrevimento de *Diretrizes* ao fazer explodir essa bomba tinha como objetivo comprovar sua força num momento de tensão política, proclamar sua maioridade, e não realmente reformular o conceito público sobre Dilermando. Ainda segundo o livro de Samuel, o Partido Comunista se apossara de Euclides da Cunha e propagava uma versão de que a morte de Euclides tinha tido uma motivação política. Usavam-na como pretexto para alimentar o sentimento antimilitarista. Com a publicação da versão de Dilermando, apresentada como verdadeira, Samuel se viu acossado pelo PCB que o acusava de fascista e traidor.

Não só ele, no entanto, sofreu dissabores com o fato. Papai também. Foi chamado pelo Ministro da Guerra e acremente censurado por haver facultado à revista os meios para a publicação da sua defesa. Foi-lhe entregue uma repreensão por escrito, baseada em que depois de mais de trinta anos já não se justificava o escândalo, ainda que para o restabelecimento da verdade. Não sei se foi ainda nessa ocasião que o Ministro aconselhou-o, com toda a franqueza, a assinar o pedido de reforma como coronel, prometendo-lhe o posto de general de brigada sob a condição de automaticamente deixar a ativa. Sendo, então, o primeiro do exército na lista tríplice

O PAI

para promoção, apesar de saber que com isso jogava uma pá de cal em suas pretensões ao generalato, negou-se a aceitá-lo nessas condições. Com a frase: envelheço, mas não envileço, condenou-se a passar para a reserva, compulsoriamente, como coronel. O que muito o mortificou. Sentia-se injustamente punido.

Foi, no entanto, surpreendido com três promoções, graças a leis promulgadas depois da guerra e que o favoreceram, chegando a general de exército. A primeira delas, sobretudo, quando pôde ser chamado de general, comoveu-o profundamente. A despeito da perseguição sofrida, chegava ao cume da carreira. Uma das promoções lhe vinha por ser conferida "a todo aquele que por mais de quarenta anos houvesse servido ao Exército sem nota desabonadora". O seu caso.

Nesse momento, fez questão de ver juntos todos os filhos à sua volta, num grande banquete que lhe ofereceram em São Paulo. Voltei a encontrar meus irmãos. Minha irmã Judith sentou-se à direita, e eu, nos meus angustiados dezoito anos, intimidada de estar ali no meio de tanta gente estranha, à sua esquerda. Laura foi a única ausente. Meus irmãos e eu mal nos falamos. O indispensável para não desagradar papai nesse dia de grande alegria.

Papai sofria do coração. Desde o seu enfarte preocupava-se constantemente com a morte. Falava sempre nela, na morte próxima. E nós, em casa, nem lhe prestávamos mais atenção. Sua recuperação, sem qualquer sequela, tinha sido rápida e completa. Os médicos lhe haviam recomendado apenas que comesse pouco sal, evitasse emocionar-se e não fizesse grandes esforços físicos. A pressão arterial tinha que ser mantida sob controle. Às vezes chegava a vinte e quatro, vinte e cinco, e então era obrigado a ficar em repouso. Trazia sempre no bolso umas ampolas de remédio para tomar nessas ocasiões. Como não fumava, não bebia, era um homem metódico, tinha uma vida calma e regrada, não era difícil cuidar-se.

Levamos, portanto, um susto quando, uns três meses antes do meu casamento, mamãe e eu fomos chamadas às pressas a São Paulo porque papai estava hospitalizado, passando mal. Mamãe não foi. Nervosa, mandou-me em seu lugar. Não queria ir, mas achava que eu tinha de estar lá.

Tomei um avião no mesmo dia. A tarde estava linda vista lá de cima. Tanto medo, meu Deus. Se quando eu chegasse papai já tivesse morrido? Eu, sozinha, indo naquele avião para outra cidade. Estaria algum dos parentes dele me esperando? No aeroporto o alto-falante gritou. Não era comigo. Valise na mão, meti-me num táxi e dei o endereço do hospital. Fazia frio. Anoitecera completamente cá embaixo. Mais de meia hora correu o táxi por ruas enormes. Luzes e letreiros por toda parte. Mil histórias de homens que assaltam moças sozinhas me vinham à cabeça. O carro subiu uma ladeira, entrou num túnel. À saída estava o anúncio em letras vermelhas: Pronto-Socorro Santa Ignez. E o número do telefone, em algarismos azuis. Ambos piscavam alternadamente. Chegara.

A enfermeira perguntou-me quem eu era e se vinha como acompanhante. Disse que sim. O quarto recendia àquele cheiro característico de hospital. As paredes verdes, de tinta esmaltada, refletiam os vultos da gente, semifantasmas. Uma luzinha mortiça ao lado da cama me assustou. Pensei que fosse uma vela. O aparelho de oxigênio tinha um ar de instrumento de tortura. Com os tubos enfiados nas narinas, estufando-as, estava meu pai, de olhos fechados, inconsciente. Não reconhecia ninguém. Pousei minha valise num canto. Sentei-me ao lado da cama e fiquei ali, sem coragem de me mexer. Suspensa no ar. Olhava para a cama de ferro. Para a agulha presa por um esparadrapo na veia azulada do braço. Para a dobra do lençol branco. Para os tubos de borracha que iam do balão de oxigênio até o rosto. Mas não para ele. Tinha medo. Não queria vê-lo sofrendo. Não sabia se gemia baixinho ou se era sua respiração difícil o que eu ouvia. Quis fazer-lhe um carinho, dizer-lhe que tinha chegado, repentinamente maternal, maior, mais velha. Ele, menino.

Finalmente, tomei coragem e levantei-me para vê-lo. A barba de dois dias crescera branca. Emagrecera. Não me lembrava de haver visto antes os ossos delineados sob os cabelos ralos. Passei a minha mão de leve na mão dele. Nenhuma reação. Não fosse a respiração estranha, aqueles vagos gemidos, pensaria que já estivesse morto. Como quem segura um passarinho, procurei aquecer a mão dele. As minhas é que estavam frias. Queria desesperadamente que ele ficasse bom. Queria tempo para que ele me sentisse adulta, capaz de compreendê-lo, talvez até de ajudá-lo. Queria que ele soubesse que podia me contar qualquer coisa. Ou calar, se preferisse. Sentia a minha solidão naquele quarto, tão grande quanto a solidão dele. Iam-se tornando invencíveis agora.

Entrou um médico alto, moço ainda. Estavam fazendo tudo para que papai melhorasse. Mas eu devia estar preparada para o pior. Eu precisava informar mamãe do que estava acontecendo. Uma enfermeira ficou no quarto enquanto eu procurava um telefone. O pior. O pior era que ele se fosse sem que nos conhecêssemos. O pior era a figura mutilada e incompleta em que eu o transformara, impossível de resgatar se ele se fosse agora. Havia tanto a dizer, tanto a trocar, tanto a saber.

O que aconteceu, no entanto, depois que ele se refez e voltamos para a sua casa, não foi assim. Passado o susto, reintegrados à normalidade, voltou minha máscara de indiferença. Fiquei em São Paulo para cuidar dele, mas lhe era difícil aceitar que justamente a filha moça, solteira, fosse quem se ocupasse dele. Tinha vergonha de mim, não podia admitir que eu mudasse seu pijama suado, ou que o ajudasse a ir ao banheiro. Eu nunca vira descalços os pés do meu pai. Nunca o vira de peito nu. Era um homem severo com ele mesmo e cheio de pudor. Mesmo em casa tinha por hábito usar uma espécie de jaqueta acetinada por cima da camisa. Um enfermeiro foi contratado para vir, diariamente, ajudá-lo, de modo a me poupar de incumbências que o vexassem. Teimava em se levantar sozinho, contrariamente ao que lhe ordenavam os médicos, para não ter que me chamar.

Uma noite em que estávamos sós em casa, ele teve um derrame cerebral. Caíra no corredor, a caminho do banheiro. Não consegui levantá-lo, ou arrastá-lo para a cama. Era pesadíssimo assim inerte. Chamei o pronto-socorro, telefonei para mamãe, para que viesse logo, no primeiro avião e fiquei ali, no chão, ao lado dele, rezando, que outra vez ele reagisse e se salvasse. Era um homem fisicamente muito forte. A ambulância chegou e os enfermeiros, com grande esforço, conseguiram repô-lo na cama. Ficou alguns dias como morto. Outros tantos como louco, sem conhecer ninguém a não ser a si mesmo num retrato dele moço, sobre a cômoda, contra o qual imprecava dizendo que aquele era o retrato de um pobre desgraçado que só fizera penar a vida inteira.

Desta vez mamãe veio, tímida, aflita, ora aumentando, ora diminuindo o aparelho para surdez, temendo não ouvir dos médicos alguma informação definitiva. Minha angústia e a dela se confundiam no mesmo olhar interrogador.

Há vinte e seis anos ela vivia com ele, para ele, apesar de todas as desavenças. Depois da morte de mamãe encontrei entre seus papéis cartas de papai para ela, nas quais mal pude acreditar. Ele perguntava, em 1944: "Por que não conseguimos nos manter sempre na mesma harmonia que tantos anos de convivência, de amor e de encantamento nos deveriam assegurar? É a nossa enfermidade. Somos dois doentes. Doentes fisiológicos e doentes morais, em consequência. Doentes também pela impropriedade do meio em que fomos educados e em que tanto sofremos, cada qual na sua desdita.

Dificilmente poderíamos compreender, um e outro, a causa desses desentendimentos. [...] De qualquer forma, desejo dizer-te que, no fundo, tudo isto é por te querer muito, insaciavelmente, exageradamente talvez e, às vezes, ter a impressão de que já não te sou o que me viciaste a pensar que o fosse – um deus. Perturba-me e alucina-me a ideia de que eu já tenha desmerecido no teu conceito, sob qualquer ponto de vista". E, em outra carta, do mesmo ano: "A verdade é que não posso mais compreender a vida sem ti, sem o teu afeto, sem a tua assistência. Às vezes penso como tu – que alguma força maldosa, oculta, não se conforma com a nossa união e tudo empenha para nos desunir". E noutra ainda: "Quero assegurar-te com muito ardor que todas as noites rezo por ti, pedindo sinceramente a Deus que te dê vida e saúde, e que, se tiver de tirar a qualquer de nós, que me dê a preferência. Encantou-me a tua carta. Chorei com ela, de alegria e, ao mesmo tempo, de pena de ti. E mais uma vez senti o quanto te amo, o quanto te sinto minha e o quanto desejo ser teu, muito teu, todo teu, para que tenhas recompensa a teus sacrifícios e saibas que efetivamente te venero".

Então descobri, emocionada, que um dia eles também se amaram. Com as mesmas palavras que acreditei só minhas, se escreveram. *Les mots d'amour sont toujours les mêmes...* já cantava a Piaff. Que me perdoem eles a indiscrição.

A primeira mulher de papai, a grande paixão de sua juventude, falecera poucos meses antes. Haviam se separado tempos depois da morte, pela mão de papai, do filho dela com Euclides. Imagino que difícil seria sustentar a relação com o fantasma do filho pelo meio. Impossível mesmo.

Viúvo, meu pai dera entrada nos papéis para o casamento com minha mãe. Queria legalizar a vida em comum, mesmo que já parecesse meio desfeita. Talvez porque não só o amor une, o sofrimento, também, mantém atreladas as pessoas.

Seu primeiro casamento fora a revalidação de um amor que culminara em tragédia, na tragédia do século. Reafirmava assim, publicamente, sua paixão e afrontava a sociedade que ferozmente condenava a ele e a mulher por quem matara e quase morrera. Os moralistas, que os reprovaram tão duramente na época, hoje talvez não considerassem o comportamento de ambos como crime ou pecado. Naquele tempo, antes da pílula anticoncepcional, do casamento aberto, do amor livre, da experiência sexual pré-conjugal, a infidelidade feminina "conspurcava" a honra do marido. Hoje não. Maridos traídos já não lavam a honra com sangue. Nem esta se situa mais entre as pernas de suas mulheres. Talvez não se ame como antigamente. Não se mate por amor. Casamentos e acasalamentos se sucedem sem acusações, vinganças, redenções. Troca-se de par e a dança continua.

O segundo casamento de meu pai foi uma outra redenção feminina. Dessa feita, a de minha mãe. A mulher escondida e anônima que repartira com ele, obscura e silenciosa, os seus últimos vinte e seis anos de vida atribulada. A que não podia aparecer, a que fugia das pessoas, com medo de que lhe cobrassem explicações.

Com a última crise cardíaca, o advogado amigo, que cuidava do assunto do casamento e conhecia o desejo de papai, resolveu apressar a cerimônia que havia sido marcada para daí a alguns dias. Foi um casamento triste. Mamãe chorava baixinho, como havia feito toda a vida, com o lenço cobrindo o rosto, ajoelhada ao lado da cama. Só se sabia que papai vivia porque sua respiração, tenuemente, embaciava o espelho que lhe puseram sob o nariz. Não pôde assinar o livro. Como um analfabeto, deixou lá seu polegar, aposto à assinatura trêmula de mamãe.

O frango estava vivo, andando pelo quintal ao lado da cozinha. Andava de banda, desconfiado, esticando e encolhendo o pescoço, enchendo de rastros a areia do chão. Não foi fácil pegá-lo. Um grande pavor subia dele para as minhas mãos, contaminadas pelo contato quente e vibrante daquele corpo que estertorava em ânsias de libertação. Dobrei-lhe as asas sob o meu joelho, como tantas vezes vira a Benedita fazer. Com a melhor faca da cozinha, tremendo de aflição, implorando desculpas em voz mansa, para suavizar-lhe a morte, cortei-lhe o pescoço de um só golpe. O bicho estrebuchou com força. Com o choque me fez largá-lo, com nojo e susto. O sangue vermelho espirrou pelas paredes, pelo chão, pela minha roupa. Num canto da cozinha eu esperava que acabasse de uma vez aquela dança macabra. Engolindo as lágrimas, limpei a sujeira e, depois, quando tive certeza de que não se mexia mais, quase vomitando, depenei-o. Pena por pena. O fedor ativo entrando-me até os miolos. Esvaziei-lhe as tripas e fiz a canja para o meu pai.

Indestrutível, mais uma vez meu pai convalescia.

Continuei cuidando dele. Escudado atrás de sua doença, não queria ouvir falar no meu casamento. Seu prazer era sentir que escapara mais uma vez, estava vivo. E, para se reassegurar, para, talvez, mostrar-se livre do medo da morte, tão ali no quarto ainda, falava nela sem cessar. Se morresse, não queria flores no caixão. Não queria missas. Queria, e disso fazia questão, era ser enterrado junto de sua mãe, no túmulo da família, o mesmo que me levara para conhecer nas férias. Eu devia prometer-lhe que assim seria feito. E eu queria era falar de vida, falar de amor, falar de começo, não de fim.

Foram longuíssimos os dias de convalescença. Depois que voltou a andar, amparado no meu ombro, depois que aprendeu de novo a escrever o nome, eu lhe segurando na mão inábil, como na de uma criança, para que não fizesse o *m* com quatro pernas, então, eu falei da minha pressa, da minha vida esperando.

A razão que ele alegara de que eu só podia me casar quando ele e mamãe tivessem sua certidão de casamento ratificada tinha deixado de existir. Tratei de marcar o meu casamento. Não queria adiar mais. Comecei a amontoar em malas e em caixotes o enxoval comprado às pressas. Escolhi o vestido de noiva. E prometi-lhe continuar a estudar depois de casada. O que não pude cumprir.

Uma semana antes da data marcada papai veio de São Paulo. Da família do meu noivo vieram, também, de Santa Catarina, a mãe e a irmã mais velha.

Papai andava com dificuldade. Qualquer pequeno esforço lhe reacendia a dor no peito. Quando tinha que ir à rua, caminhava devagar, parava de vez em quando, como se estivesse examinando ou apreciando alguma coisa. Disfarçava, para não nos deixar preocupadas, o cansaço que qualquer atividade lhe trazia. Não queria parecer que estava entregando os pontos, como sempre dizia.

Na antevéspera do grande dia, para fugir à confusão reinante, ele foi ao Clube Militar jogar xadrez. Ao voltar para casa, ainda no centro da cidade, sentiu o aperto no peito. Chamou um táxi que passava e, ao entrar por uma porta, deparou-se com um desconhecido que entrava pela outra, disputando-lhe o táxi, difícil de encontrar nos fins de tarde. Para evitar discussões, apresentou-se e ofereceu-se para levar primeiro, onde ele quisesse ir, o homem que entrara pela outra porta. Explicou-lhe que estava convalescente e sem resistência física para ficar de pé muito tempo. Encantado, apresentou-se também o David Nasser, jornalista de *O Cruzeiro*. Gentilmente fez questão absoluta de que fosse ele a acompanhar papai a casa.

Inacreditável a coincidência desse encontro. O jornalista farejou imediatamente que tinha nas mãos matéria para uma reportagem que podia causar grande sensação. Papai, cuja existência fora toda uma luta permanente para se explicar, para esclarecer publicamente a sua verdadeira atuação na morte do Euclides e, sobretudo, para tornar conhecido o seu comportamento vida afora, a maneira digna com que sempre arcara com as consequências de seus atos, a fibra com que resistira aos sofrimentos, viu caída do céu, com a pessoa que acabava de disputar-lhe o táxi, uma oportunidade de contar a sua história. Dez ou onze anos antes, *Diretrizes* havia publicado, a seu pedido, umas declarações suas. Mas, dessa vez, a ele, para quem a imprensa sempre dissera: contra o Dilermando tudo, a favor, nada, se lhe oferecia para que se pronunciasse. Nada lhe parecia mais útil do que uma reportagem veiculada pela revista de maior circulação nacional.

Ainda nessa mesma época, quando sua primeira mulher adoecera, uma campanha desencadeada pelos jornais e estações de rádio espalhou a notícia de que ele havia abandonado a esposa num hospital, em estado desesperador, fazendo crer que, desalmadamente, atirara à desgraça na maior penúria a viúva de Euclides.

A repercussão fora grande. O Diretor do Hospital Central do Exército, onde papai a havia internado, em quarto particular, com todos os cuidados médicos e as atenções que seu tratamento requeria, e onde a fora visitar várias vezes, prontificara-se a desmentir, de público, a notícia. Papai preferiu silenciar, achando pior desmentir ou retrucar a acusação, o que só serviria para provocar maior celeuma. Mesmo mamãe se solidarizara com ele nesse momento. Foi a primeira a reconfortá-lo e a compreender que ele desse todo apoio e assistência à mulher, idosa e enferma. Seu velho ciúme cedera à compaixão.

Acompanhado do jornalista, papai chegou em casa e durante horas conversaram animadamente. David Nasser ouviu tudo o que ele tinha a dizer, tomou notas, leu papéis, viu retratos. Quando soube do meu casamento, acertou com papai terminar a entrevista na semana seguinte. E se comprometeu a mandar vir fotógrafos da revista para cobrir o acontecimento.

Não gostei. Senti-me invadida, ameaçada. Era evidente que não iriam noticiar só o meu casamento. O vestido de noiva seria o chamariz para a outra reportagem. Queríamos, meu noivo e eu, começar a vida sem ruído, um casal qualquer que éramos. Não queríamos ver misturados a tragédia de Euclides da Cunha e o nosso, de nós dois apenas, casamento. Procurei falar com papai. Disse-lhe que não me agradava a ideia de juntarem as duas notícias. Fui dura. Não quero mais ser identificada com a sua tragédia: eu quero ser eu, só eu. Deixe-me começar minha vida nova noutra cidade, noutra casa, com outro nome, onde ninguém venha me perguntar, com curiosidade maldosa, você é que é a filha do Dilermando?

Meu pai me tranquilizou. Haviam-lhe prometido nada publicar sem sua prévia aprovação. Seriam duas coisas independentes. Não iriam misturar meu casamento, uma notícia social, e a grande entrevista de sua vida. Preveni-o ainda: se não for assim, não falo mais com você.

Às voltas com as últimas providências, o tempo passou rápido e não voltamos ao assunto.

O dia vinte de outubro amanheceu escuro e cinzento. Muita agitação, parentes, visitas, presentes chegando, cozinheiras, garçons, um tumulto naquela casa sempre tão soturna e quieta.

A equipe de *O Cruzeiro* veio mais cedo. Fotografou-nos a todos, aos noivos, aos pais, aos padrinhos. Fingimos cortar o bolo, tomar champanhe com os braços entrelaçados e o beatífico sorriso de felicidade nos lábios. Como em qualquer casamento se faz.

As tias todas enchapeladas, com seus vestidos mandados fazer para a ocasião. Pela primeira vez, mamãe tomava parte numa cerimônia pública. Não só por ser o meu casamento. Talvez também porque era agora a mulher de papai. Não precisava mais se esconder. Podia acompanhá-lo onde quisesse ir, ser apresentada a qualquer pessoa, sem ter do que se envergonhar. Estavam casados. Tão importante era isso para eles, que, de repente, pareciam mais unidos, mais amigos. Quase felizes. Como nunca os havia visto antes.

O casamento civil foi feito em casa. Ao ler a certidão, que recebemos alguns dias mais tarde, tive um choque: o endereço do cartório em que fora registrado, não sei por que razão, o da Freguesia de São Cristóvão, era Rua Euclides da Cunha, 81.

Na hora em que eu devia sair para a igreja, vestida de noiva, com a cauda branca de cetim e metros de véus arrastando, caía uma tremenda chuvarada. Tiveram que forrar com lençóis a escada de pedra, da entrada da casa até o portão, para que não me enlameasse. Esperamos um pouco, no alto da escada, papai e eu. Ele me tomou as mãos nas suas, e com a voz embargada, visivelmente emocionado, disse:

— Minha filha, ainda é tempo de desistir, não case. Achei inoportuno e descabido aquele apelo, feito assim, quando

O PAI

ambos sabíamos muito bem que nada me faria recuar. Tomei-o como uma provocação dele. Desembaracei-me de suas mãos, engoli a irritação e fingi ajeitar o barrete com as condecorações pregadas no dólmã da sua farda. Nervoso, ao colocá-las, ele havia quebrado o alfinete grosso que as sustentava, e eu mesma, rapidamente, as costurara com pontos largos pelo avesso da túnica.

Descemos. Eu, pelo braço do meu pai. A cabeça fervilhando. Além de emocionada, tinha medo. Medo de me casar, agora que chegara o dia. Estava assustada. Na inconsciência da paixão eu não tinha me dado conta de que mal conhecia, na verdade, o homem com quem estava me casando. E tampouco conhecia outros homens, com quem pudesse fazer comparações. Se eu tivesse tido um irmão, teria sido, talvez, mais fácil. Provavelmente ele traria amigos à casa e isso me teria permitido maior familiaridade com o comportamento masculino.

Durante minha última noite de solteira, uma insônia me fizera chorar muito. Deitada de costas, no escuro do quarto, as lágrimas escorriam, quentes pelas orelhas, umedecendo meu cabelo, molhando o travesseiro. Mas, como no internato, se alguém tivesse me descoberto chorando, provavelmente eu teria respondido que estava com dor de ouvido. Talvez só então eu pressentisse que era da minha pele que eu tentava me desfazer. Optava por uma troca de problemas. Dos herdados, impostos, que eu despia, pelos que elegera vestir. Sem perceber que a pele nova e tenra com que me cobria talvez não tivesse resistência suficiente para suportar atritos e cicatrizar feridas.

Minha cunhada também tinha cara de choro na manhã do meu casamento. Perdera o noivo num acidente há pou-

151

cos meses. E me disse que ela, sim, tinha razões para chorar. Não eu.

Descendo aquelas escadas molhadas cobertas de lençóis, repetia-me que, juntos, meu noivo e eu, como tanto havíamos desejado, só poderíamos ser felizes.

Até hoje, quando penso no meu casamento, a lembrança é nebulosa, escorrida, chuvosa e lacrimejante. Tudo me parecia ainda mais enevoado porque me movia sem óculos, para parecer uma noiva bonita. De casa para o carro do tio Juca, e daí para a igreja cheirosa a incenso, tudo o que eu vi foi sem nitidez. Passo a passo, ao som do órgão, pelo braço do meu pai, fui arrastando a cauda do vestido sobre o caminho vermelho que me levava ao altar, onde meu noivo me esperava. Enquanto ia passando, as pessoas murmuravam coisas que eu não entendia. Sem óculos eu ficava também meio surda. Não conseguia discernir coisa alguma. Mesmo o que conhecia boiava, fluido, na bruma da minha miopia. O altar, imensa mancha dourada e branca. As luzes, o padre, tudo à minha volta, inconsistente, desprovido de contornos. Gostaria de ter podido parar a cena e, óculos no nariz, olhar de fora, observar minúcias, recompor detalhes, reparar nas coisas e nas pessoas. Definir aquela cerimônia única, tão importante para mim.

Esquecêramos as alianças em casa. Alguém voltou às pressas para buscá-las. Com o atraso, aumentou minha sensação angustiante de irrealidade. Tia Julita havia trancado à chave as portas dos quartos e as alianças não puderam ser resgatadas. Casamo-nos, eu, com a aliança de mamãe, que eu mesma comprara, a pedido de papai, bem grossa, e meu noivo usando a aliança meio amassada de um garçom da Colombo. As nossas nunca foram abençoadas. Talvez por isso o insucesso do nosso casamento, quem sabe.

O PAI

Os olhos azuis do meu noivo juraram me amar para sempre. Colocamos os anéis alheios nos nossos dedos e eu me senti renascer, nova pessoa.

Na sacristia assinamos os livros e recebemos os cumprimentos. Havia muita gente. Só conseguia identificar os amigos quando já muito perto de mim. O rosto se condensava, crescia e se tornava conhecido, com a proximidade do abraço, voltando a se diluir imediatamente depois.

Em casa, onde também havia muita gente, festejamos o acontecimento. Mais fotografias. Papai conosco. Mamãe não perdera o hábito de esquivar-se, não saiu em nenhuma das fotos. Com a desculpa de que não gostara do chapéu novo. Na verdade, se achava feia, nariguda, ao que papai dizia sempre que no nariz, de que ela tanto se queixava, estava toda a sua graça. Mamãe acabava rasgando seus retratos, os pouquíssimos que conseguíamos tirar dela.

No meio da festa fugimos para o hotel, sem nos despedir-nos de ninguém. Casados. E apaixonados. Eu levava uma aliança sem a necessária bênção no dedo, a aquiescência arrancada à força dos meus pais e um nome novo no papel. Deixava a menina, a moça, a filha do Dilermando, para nunca mais, naquela festa.

No dia seguinte papai e mamãe foram nos buscar no Hotel Serrador para nos levar ao aeroporto. Íamos diretamente para Porto Alegre, para a nossa casa, onde passaríamos a viver juntos. Diretamente para a casa que eu desejara tanto e não conhecia ainda.

Papai estava abatido, mancava um pouco. Não conseguia ficar muito tempo de pé. De um dia para o outro parecia ter envelhecido mais. Como não se queixasse, nada lhe perguntei sobre como estava se sentindo.

153

Os pais sempre fazem chantagens com suas doenças. Os filhos são os causadores dos seus males, de suas dores de cabeça, de seus ataques do coração, de suas lágrimas de sangue. Eu me virava para a vida nova, com saúde, com alegria, com felicidade. Naquele tempo ainda não descobrira a tremenda abstração desta palavra. Para lá eu partia.

Despedi-me apressadamente. Preferia que eles não tivessem vindo nessa manhã. Mamãe perguntou inocentemente:

– Dormiu bem, minha filha?

O que me deixou encabulada e ainda com mais pressa. Uma sensação de grande desprendimento me empurrava para longe deles.

Foi a última vez em que vi meu pai vivo.

Em Porto Alegre, a simpática cidade onde meu pai nascera, cheguei contente. Morávamos num bom apartamento, espaçoso, meio vazio ainda, com jeito de desabitado. As caixas e as malas com o enxoval e as nossas roupas, que haviam seguido antes, a cada viagem do meu noivo ao Rio, não tinham sido tocadas. Coube-me o gosto de abri-las e distribuir pelos armários e pelos móveis os objetos que eram nossos.

Fui conhecendo a cidade e as pessoas. Meu marido tinha muitos amigos, alguns, como ele, pilotos da Varig. Vivia-se completamente diferente do que eu vivera até então.

Meu pai não fumava, não bebia, nem jogava. Pouco saía de casa. Seu único vício e distração era o xadrez. Jogava até por correspondência ou pelo telefone, para isso mandara instalar uns fones especiais no seu gabinete. Horas a fio se entretinha a arquitetar seus lances. Meu marido fumava, bebia, jogava pôquer a dinheiro alto e passava mais tempo viajando do que em casa. Cada dia escalado para um voo diferente. Eu ficava muito sozinha. Sentia-me pisando território novo e escorregadio. Devido à minha formação religiosa e austera, me via cheia de dúvidas e de conflitos. Já os havia tido, terríveis, durante o período do namoro. Tudo me parecia pecado. Amparava-me apenas no grande amor que nos dedicávamos, que a mim bastava para nos justificar e redimir. Não conseguia aceitar, sem sofrer, as novidades que me aturdiam e com as quais era obrigada a conviver. Sentia-me mais que tudo muito sozinha.

Poucos dias depois da nossa chegada, houve a primeira reunião para o pôquer, regada a cerveja. Foi grande o meu mal-estar e a minha frustração. Estávamos ainda em lua de mel, queria todas as atenções para mim naqueles primeiros dias. Além disso, não me agradavam os amigos dele que vinham jogar. Achava-os mal-educados. Passava a noite a servir-lhes salgadinhos e sanduíches, mas, como a um garçom, mal agradeciam e não davam qualquer atenção à minha pessoa. Não tínhamos empregada. Cabia-me, ainda, no dia seguinte, lavar o banheiro todo mijado. Gostava de cuidar da minha casa com capricho. Por isso mesmo detestava os cinzeiros cheios, o verniz da mesa manchado pelas rodelas dos copos úmidos e o chão da cozinha semeado de tampinhas das garrafas de cerveja abertas apressadamente.

Mas estava apaixonada pelo meu marido. E casada. Queria me adaptar. Começava a conhecer outros amigos agradáveis, que nos chamavam para jantar, para sairmos juntos, para irmos ao cinema, cujas mulheres, simpáticas e prestativas, eu sentia poderiam vir a serem grandes amigas.

Umas três semanas depois do nosso casamento, meu marido chegou de um voo visivelmente embaraçado. Desgostoso mesmo. Trazia o último número de *O Cruzeiro* para me mostrar. Abri a revista e lá estava escrito, em letras garrafais, sobre a foto de página inteira, em que papai me dava um beijo, com o meu grande véu de noiva servindo de pano de fundo:

um momento feliz numa vida de tragédia. O título da reportagem: O crime de matar um deus. Nas outras páginas havia fotos de papai, de Euclides da Cunha, de meus irmãos, o mais velho e o mais moço, abraçando papai. Fazendo crer que morávamos juntos, uma só família feliz. E a entrevista, ampla, bem explicada, bem documentada. E mais fotografias. De algumas, eu tinha a certeza, ele não teria absolutamente aprovado a publicação se as tivesse podido ver antes. Nu, da cintura para cima, exibia a cicatriz que nunca me mostrara, do pescoço ao umbigo. Apareciam assinaladas as marcas das entradas das balas dos dois Euclides, de cada lado do grande risco que lhe dividia verticalmente o tórax, resultado da operação para extraí-las. Não só estas fotos me chocaram. Também as outras, aparentemente inocentes, sutilmente selecionadas com o intuito óbvio de mostrar uma imagem grotesca do general, enquanto falava, com os olhos meio revirados, ou enquanto comia, o rosto deformado pela ampliação exagerada e grosseira, com a colher enfiada na boca. Fotos em que ninguém poderia parecer bem.

Não havia uma só do casamento.

Caí no choro. A revolta me tornava incapaz de pensar em outra coisa. Mesmo fechando os olhos, aquela noite, na cama, eu via as grandes fotos me perseguindo. O peito nu do meu pai, que eu acabava de conhecer em fotografia. O torso flácido de um velho, a carne sem firmeza solta sob os pelos grisalhos. Ficava pensando como teriam logrado fotografá-lo assim, daquela maneira indecorosa? Impossível que ele não tivesse visto, não soubesse, não tivesse consentido. Que argumentos teriam usado para que ele acedesse a se deixar mostrar assim? Ele sempre tão pudico e cuidadoso? Não precisava daquilo para reforçar seus protestos de inocência. Para comprovar a legítima defesa. Será que não tinha percebido a ambiguidade da intenção do jornalista?

E tive raiva dele. Uma raiva impotente e cheia de vergonha. Como se fossem meus os peitos de fora para todo o Brasil ver. Ele não tinha o direito de exibir-se assim, de permitir que a sua intimidade fosse vasculhada, mesmo para explicar-se, para redimir-se, para apresentar as provas concretas do ataque que sofrera e que o levara a defender-se. Onde eu vivia agora ninguém sabia de quem eu era filha. Chegara limpa. Eu. De repente, outra vez me olhavam com curiosidade malévola ou com pena. Querendo fazer-me perguntas, alguns, e sem coragem de fazê-las. Outros, os mais sem-cerimônia, com a contundente e odiosa exclamação:

– Ah! Você é filha do Dilermando? O da reportagem de *O Cruzeiro*?

Comecei a escrever uma carta para o meu pai. Uma carta dura, magoada, reclamando dele essa devassa na malfadada tragédia, na sua mistura com o meu casamento. Tanto lhe pedira que o deixasse puro, fresco, intocado. Mais uma vez ele me expunha ao diz-que-diz-que de todo mundo. E, ainda por cima, as fotografias. Meu rosto se arrepiava de vergonha só de pensar nelas.

No dia seguinte meu marido viajou, escalado para um voo qualquer. Sozinha em casa reli a carta muitas vezes. E a reescrevi outras tantas, ora atenuando, ora acentuando a manifestação dos meus sentimentos. Sem coragem de mandá-la.

Aos vinte e quatro dias de casada, na madrugada do dia quatorze de novembro, tocaram a campainha do nosso apartamento. Era muito cedo, dormíamos ainda. Meu marido levantou-se para atender à porta e voltou com um envelope branco na mão. Meio sonolenta, sentei-me na cama. Um calafrio. E a pergunta:

– Papai morreu, não foi?

Recebíamos do diretor da Varig, com a notícia da morte de papai, as passagens para irmos ao enterro em São Paulo. Afinal, ele era uma pessoa conhecida. Notícia no Brasil inteiro.

Duas coisas ele sempre me pedira nas nossas conversas durante a sua convalescença. Uma delas, que eu não deixasse porem flores no seu caixão. Quando cheguei a São Paulo, para o enterro, haviam-no coberto de flores até perto do queixo. Deixaram-lhe as mãos de fora. As mãos bonitas e longas do meu pai. Cruzadas, não podiam sacudir as flores. Muitos pesadelos tive, depois, com essas flores. Durante dez anos. Já não eram flores, eram penas. Plumas. E o caixão uma imensa língua de sogra que se ia enrolando, enrolando, engolindo-lhe os pés, as pernas, os joelhos, engrossando, fechando-se sobre as mãos cruzadas do meu pai, sobre as flores que eram penas, chegando até o rosto amarelo, quase sorridente, até as narinas cheias de algodão. E então, seus olhos se abriam, com a força compressora daquela língua de sogra gigante e, esbugalhados, me olhavam. Era um olhar rápido, mas pesado e acusador. Pedido de socorro e recriminação. Logo em seguida desaparecia o rosto também dentro daquele rocambole que rolava da essa para o chão e do chão para o buraco que lhe abriram como túmulo. Esse pesadelo recorrente me perseguiu durante dez anos.

O outro desejo seu era o de ser enterrado no túmulo de seus pais. A ordem religiosa a que pertencia o cemitério não consentiu nisso. A imprensa ainda se ocupava muito dele. Não ficava bem. E ainda mais que tinha sido maçom. Não podiam acolher um cadáver com tantos crimes e pecados. Dez anos depois, sim, poderíamos, se quiséssemos, levar seus ossos para lá. Quando ninguém mais se lembrasse de quem fora.

Todos os seus filhos estavam lá, velando-o. Nenhum falou comigo. No momento em que o oficial cumpria as honras militares devidas a um general, quando se propunha a retirar do seu peito as medalhas, para entregá-las à viúva, minhas irmãs se adiantaram e as extraíram, com alguma dificuldade e gestos bruscos, arrebentando os alinhavos com que eu as havia costurado à sua túnica, na última vez em que ele a usara. No dia do meu casamento. Em seguida, a bandeira nacional agasalhou o caixão já fechado.

Eu não chegara a pôr no correio a minha carta desaforada. Mas quando voltei para Porto Alegre encontrei debaixo da porta do meu apartamento uma dele, escrita pouco antes de cair sobre sua mesa de trabalho com a síncope cardíaca.

Contava que ele e mamãe estavam juntos, em São Paulo. Não se separariam mais. Ainda não haviam decidido se continuariam lá ou se iriam morar no Rio. Com as últimas promoções e o meu casamento, não precisaria mais trabalhar. Iria retirar-se do Instituto tão logo houvesse terminado a reforma que ali iniciara. Faziam planos de passar uns dias em Bandeirantes, uma estação de águas no norte do Paraná e, depois, outros dias em Porto Alegre. Tinham agora as melhores razões para rever a cidade. Queriam conhecer minha vida nova, minha casa, que eu descrevia com tanto entusiasmo.

Mamãe o estava acompanhando a jantares em casa de amigos (o que era inédito). Faziam planos de viajarem juntos (outra grande novidade).

No final da carta, com muita leveza, tocava no assunto que tanto me atormentara. Dizia que havia conversado por telefone com o Dr. Lacerda, seu velho amigo e advogado, que estava muito doente. O Dr. Lacerda "declarara que havia gostado muito da reportagem do David Nasser, que a nós não agradou, pois ele não devia misturar a sua alegria com a tristeza da tragédia da Piedade. Mais uma vez ele teve o ensejo de dizer o quanto V. é inteligente e como V. ficará contente de poder, de público, revelar o quanto nos queremos bem e o quanto somos amigos e ordenados na família. Achou V. muito linda e numa expressão muito feliz. Este mundo é assim mesmo: cada cabeça, cada sentença!..."

Mais uma vez, como quem não quer nada, ditava a conduta que esperava de mim, apelando para a minha inteligência em relação a um assunto que ele sabia que me ferira e exasperara.

Mamãe me contou depois que ao abrir *O Cruzeiro*, ao dar com a reportagem, atônito com a surpresa da publicação da entrevista sem a prévia e prometida revisão dele, muito abalado, lhe dissera várias vezes:

— Isso a minha filha não me perdoa!

No número seguinte a revista publicava as fotos do seu enterro. Sob a da minha mãe, com o rosto coberto com um lenço, o seu nome de casada, Marieta de Assis, a esposa do general, e a legenda: a grande dor silenciosa.

Hoje, que me sinto capaz de entendê-lo, arrependo-me de, no egoísmo da minha imaturidade, nunca lhe haver dado uma oportunidade para conversar sobre o que aconteceu. Não tinha condições para ouvi-lo então e perdi seu testemunho.

O que ficou de informação, as reportagens dos jornais da época, as publicações dos depoimentos sensacionalistas, os aspectos denegridos do romance, as acusações inexatas, tudo isso foi violentamente refutado, e à exaustão, no seu livro de defesa – *A Tragédia da Piedade*.

Inflamado e emocional, redundante e rebarbativo, não é, como disse Franklin de Oliveira, um livro deplorável. Não sendo um literato, mas um atleta, um construtor, um soldado, escreveu com a fúria de quem se defende, brandindo espada, atirando dardos. Seu livro é, sim, um documento massudo e maçante ditado pelo sofrimento da vida inteira de um homem sensível que, mesmo depois de morto, continuou a ser alvejado. Mais deploráveis foram, pelas inverdades contidas, os ataques que o espicaçaram a escrevê-lo com tanto desespero.

Uma vez contei a um amigo e escritor colombiano a história de meu pai, do homem que matou o mito. Como disse Monteiro Lobato – do pião que deu xeque-mate ao rei. Ele ouviu tudo, depois exclamou aturdido:

– Não, não dá para escrever isso. Tem história demais. Nem os gregos.

A realidade superou em capricho e invenção a mais feérica das imaginações.

Há várias coisas que um filho pode fazer por seu pai. Tratá-lo com paciência e carinho. Cumprir as promessas que lhe faz, seja de continuar seus estudos, seja de impedir que lhe encham de flores o caixão. Não casar-se contra a sua vontade. Enterrá-lo junto a seus avós.

Nada disso eu fiz.

Sob o sol escaldante, no meio de um dia calorento de janeiro, voltei a ver meu pai. Num esforço sobre-humano me redimi dos meus descasos.

Um rádio cantava alto marchinhas de carnaval. E o pau de arara acompanhava a música ritmando o assobio – "Eu vou pra Maracangalha, eu vou…" – enquanto ia metendo a pá na terra endurecida do túmulo do meu pai, coberto de capim e de esquecimento. Cumpria o que me prometera fazer. Passados os dez anos estipulados pela ordem religiosa para aceitá-lo, depois das exigidas requisições e papeladas, fui a São Paulo, mais uma vez, para proceder à exumação. Informada das exigências da lei, de que uma pessoa da família teria que assistir ao ato, quando já estava tudo pronto, no momento mesmo de iniciarem o traslado dos ossos, não pude recuar. Obviamente não seria mamãe quem haveria de vir fazer isso. A mim competia ter essa coragem.

Estava, então, com vinte e nove anos, três filhos pequenos, e desquitada.

E foi assim que voltei a ver meu pai.

Seus ossos, limpos como os de um frango bem comido, foram sendo retirados da terra escura, bem adubada, e postos numa caixa de cimento. As dragonas da farda de general e o aro do quépi estavam intatos. Engraçado que, da cabeça, restasse apenas a cuia do crânio. Seus dentes, jamais tocados por dentista, se perderam no meio da terra. Assim como as quatro balas e meia que, ao morrer, ainda levara no corpo, das doze com que pai e filho o haviam atingido. Sacudidos pelo coveiro irreverente, dos sapatos de verniz, também intatos, caíram os artelhos na caixa, com o ruído de contas soltas de um colar.

No meu colo, de táxi, levei a caixa para o outro cemitério. Meio hipnotizada pelo brilho do sol quentíssimo no enfeite de metal da proa do carro. Uma figura com asas fechadas. Parecia um Ícaro. Ou um anjo.

Coloquei a caixa dentro da sepultura da família, por cima da urna da minha avó. Para que não ficasse sem identificação, para que soubessem quem estava ali resumido, com o batom que trazia na bolsa escrevi o nome do meu pai na tampa, Dilermando Cândido de Assis, a data de seu nascimento, 18 de janeiro de 1888, e a de sua morte, 13 de novembro de 1951. Do meu, devolvi-o ao colo materno, como ele quisera tanto.

Voltei para o hotel. Sozinha. Passei horas olhando para as paredes do quarto. Caiadas como uma sepultura. Durante muitos anos não usei batom.

Dilermando aos 19 anos. Campeão Nacional de Esgrima.

Dilermando como capitão aos 28 anos.

Dilermando como general aos 60 anos.

Maria Antonieta, ou Marieta, aos 28 anos, 1924.

Marieta aos 48 anos, 1944.

A autora no dia de sua formatura em 18.9.1951.

Foto do meu casamento – papai e eu.

Título	O Pai
Autora	Dirce de Assis Cavalcanti
Editor	Plinio Martins Filho
Produção editorial	Aline Sato
Capa	Diana Mindlin
Fotos da capa	Dilermando e Dirce (no dia de sua formatura em 18.9.1951)
Editoração eletrônica	Camyle Cosentino
Revisão	Oswaldo de Camargo
Reproduções fotográficas	Lucia Mindlin Loeb
Formato	14 x 21 cm
Tipologia	Granjon
Papel	Pólen Bold 90 g/m^2 (miolo) Cartão Supremo 250 g/m^2 (capa)
Número de páginas	176
Impressão e acabamento	Graphium